KLAUS WEDEKIND

Der Beginn der Reformation in den Kirchspielen Bienenbüttel und Wichmannsburg

SPUREN 22

SCHRIFTENREIHE ZUR GESCHICHTE BIENENBÜTTELS
UND SEINER ORTSTEILE

BIENENBÜTTEL 2017

Impressum

Copyright by Gemeinde Bienenbüttel
Alle Rechte vorbehalten

Redaktion: Arbeitskreis Geschichte Bienenbüttel

Layout und Gestaltung: Dr. Klaus Wedekind

Herstellung und Verlag: BoD - Books on Demand, Norderstedt

ISBN 978-3-7448-8483-9

Inhalt

Einleitung

Es ist noch immer üblich, den Beginn der Reformation auf den 31. Oktober 1517 festzulegen; an diesem Tag soll Martin Luther 95 Thesen an die Kirchentür der Schlosskirche in Wittenberg genagelt haben. Allerdings ist nach heutigem Forschungsstand gesichert, dass dieses „Ereignis", so wie es uns in vielfältigen historischen Darstellungen überliefert ist, nicht stattgefunden hat.[1])

Gesichert ist aber, dass Luther die 95 Thesen an Herzog Albrecht von Brandenburg sandte. Dazu ein Ausschnitt aus Wikipedia:

Auslöser [Bearbeiten]

Ein konkreter politischer Anlass für die Reformation war das Vorgehen von Albrecht von Brandenburg, der bereits Erzbischof von Magdeburg war, auch Erzbischof von Mainz und damit Kurfürst zu werden. Da eine solche Ämterhäufung gegen das kanonische Recht verstieß, musste Albrecht von Papst Leo X. eine Sondergenehmigung (Dispens) käuflich erwerben. Darüber hinaus waren vom Mainzer Domkapitel Palliengelder für die Wahl des neuen Bischofs an den Papst zu entrichten. Da die finanziellen Mittel des Domkapitels erschöpft waren, musste Albrecht einen Weg finden, um das erforderliche Geld zu beschaffen.

Im Zuge des Neubaus des Petersdoms, den Papst Julius II. angestrengt hatte, waren dessen Nachfolger in ständiger Geldnot. Papst Leo X. hatte aus diesem Grund den sogenannten Petersablass eingeführt. Die Abmachung des Papstes mit Albrecht von Brandenburg sah vor, dass dieser sich das Geld bei den Fuggern leihen und an den Papst zahlen sollte. Im Gegenzug erhielt Albrecht von Brandenburg für acht Jahre das Recht, in seinen Territorien den Petersablass einsammeln zu lassen. Die Hälfte des Geldes ging an Rom, die andere Hälfte verblieb bei Albrecht, der damit seine Schulden bei den Fuggern bezahlen konnte.

So kam es, dass seit 1517 der Dominikanermönch Johann Tetzel durch das Bistum Magdeburg (das Nachbarterritorium von Wittenberg) zog und den Ablass predigte. Auch Gemeindeglieder aus Wittenberg, deren Prediger und Seelsorger Luther war, gingen in die benachbarten Städte, um Ablassbriefe zu erwerben.

Luther hatte sicher auch religiöse Gründe, hier tätig zu werden, doch mindestens gleichwertig erscheinen die gesellschaftskritisch-politischen. Den oben beschriebenen Tatbestand würde man heute als Korruptionsgeflecht bezeichnen. Und einer dieser Zentralfiguren der Korruption, Albrecht von Brandenburg, schickt Luther seine Thesen.

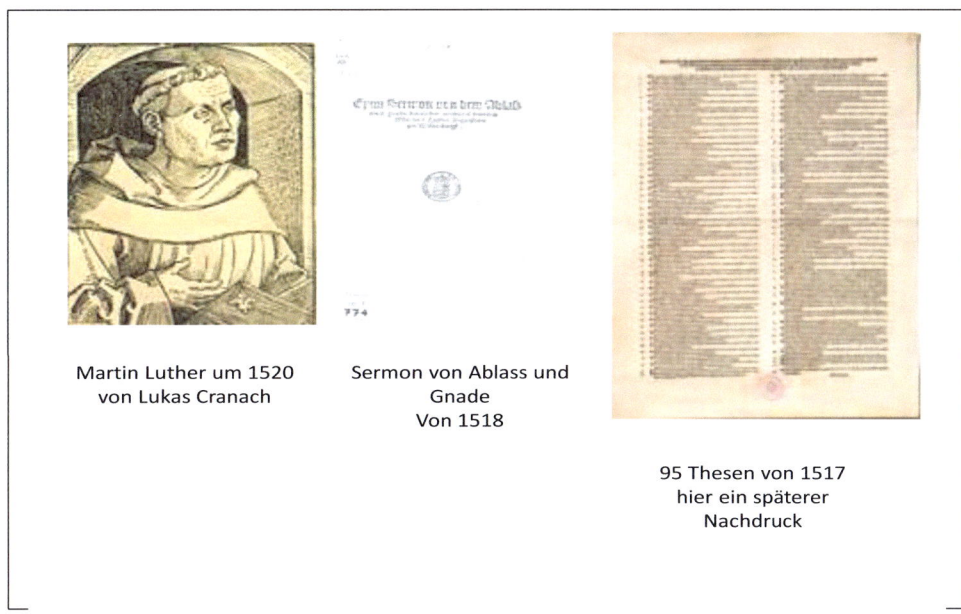

Martin Luther um 1520
von Lukas Cranach

Sermon von Ablass und
Gnade
Von 1518

95 Thesen von 1517
hier ein späterer
Nachdruck

Die Thesen waren in Latein verfasst, und das beherrschte in Deutschland nur eine verschwindend geringe Zahl Gebildeter, hauptsächlich Geistliche. Eine Übersetzung der Thesen ins Deutsche ist erst für 1545 nachgewiesen.

Doch Luther veröffentlichte schon 1518 eine weitere Schrift gegen den Ablass in deutscher Sprache: Sermon von Ablass und Gnade. Sie gewann kurzfristig eine erhebliche Verbreitung und machte Luther bekannt. Die Kritik Luthers an der Ablasspraxis der Zeit wurde deshalb so schnell populär, weil der größte Teil der Bevölkerung ungebildet und in Armut lebte und es sich gar nicht leisten konnte, durch Geld Ablass von Sünden zu erkaufen. Die Schrecken für die, die in Sünde sterben, wurden von denen, die Ablassbriefe verkauften, z.B. Tetzel, drastisch dargestellt, und die Angst der Menschen vor Fegefeuer, Hölle und Verdammnis war groß.

Der Beginn der Reformation in den Kirchspielen Bienenbüttels

Zur 500-Jahrfeier des Beginns der Reformation werden eine Flut von Schriften erscheinen, werden Vorträge gehalten, es wird Sendungen dazu geben und Ausstellungen und sonstige Veranstaltungen.

So bedarf es hier am Anfang einer angemessenen Begründung, warum gerade in Bienenbüttel und Wichmannsburg eine Studie zum Beginn der Reformation für unsere regionale Geschichte wichtig und bedeutend ist.

Im Folgenden wird sich zeigen, dass die Reformation in diesen Gemeinden zu der frühesten im norddeutschen Bereich zu rechnen ist. Diese lokale Entwicklung ist eingebunden in die regionale Entwicklung im Fürstentum Lüneburg und in die Gesamtentwicklung der Reformation in Deutschland. Die regionale Entwicklung wird getragen von Personen mit persönlichem Bezug zu Martin Luther. Und durch diese Personen hatte Luther Kenntnis von und Einfluss auf die Entwicklung der Reformation hier.

> *Zuerst danke ich Gott, unserem Vater durch Jesus Christus, der wollte, dass sein Wort auch **in diesem Winkel der Erde** verherrlicht würde, und bitte, dass er das so überaus erbarmend begann, auch überaus wohlwollend und freigebig vollende in euch wie auch in uns allen.*
>
> (aus einem Brief Luthers an Heyno Gottschalk, Abt in Kloster Oldenstadt von 1528) [2])

Zu Beginn sei auf einige relevante regionale und lokale Besonderheiten hinzuweisen:

1871 – 1877 war Karl Kayser Pastor in Wichmannsburg ;
1878 erschien folgende Veröffentlichung von ihm:

Chronik des im hannoverschen Amte Medingen belegenen Kirchspiels Wichmannsburg. Hannover 1878

1895 – inzwischen in Hannover tätig – gründete er mit Gleichgesinnten die *„Gesellschaft für niedersächsische Kirchengeschichte"* und gleichzeitig die *„Zeitschrift für niedersächsische Kirchengeschichte",* die er bis 1901 herausgab.

1897 gab er eine umfangreiche Dokumentation heraus unter dem Titel: *„Die reformatorischen Kirchenvisitationen in den welfischen Landen 1542 – 1544".*

Damit gibt es eine ganz unmittelbare Verbindung Wichmannsburgs zu diesem berühmten Kirchenhistoriker der ersten Stunde und seinen Bemühungen um die historische Aufarbeitung der Reformation in Norddeutschland. [3])

Eine weitere Besonderheit: Beide Kirchen waren seit langem Patronatskirchen naher Klöster. Wichmannsburg gehörte seit 1339 zum Kloster Medingen, Bienenbüttel zum Kloster Michaelis Lüneburg, Natendorf zum Kloster Ebstorf. Besondere Bedeutung hatten diese Patronate dadurch, dass den Patronen – hier also den Klöstern - entscheidende Rechte bei der Auswahl der Geistlichen für die Gemeinden zustanden. Damit war die lokale Entwicklung in Bienenbüttel mit den sehr frühen, intensiven und teils gewalttätigen Aktivitäten des Landesherrn zur Durchsetzung der Reformation in den Klöstern verbunden.

Besonders eng war die Verbindung Bienenbüttels zu Kloster Michaelis in Lüneburg. Das Kloster besaß neben dem Patronat umfangreiche Grund rechte in Bienenbüttel und den Nachbardörfern. Sogar der Hof der Amts-vogtei war dem Kloster abgabepflichtig, teils gehörten ihm ganze Dörfer, zum Beispiel Bargdorf.

In Grünhagen war ein Sommer- und Alterssitz des Klosters Michaelis ent-standen, der später zu einem Schloss mit Vorwerk und eigener Kapelle aus-gebaut wurde.[4]) 1564 wurde der lüneburger Justitiar Dr. Johann Dutzenrath von Abt Eberhard von Holle mit einem dem Kloster gehörenden Gutshof und einer Mühle in Bienenbüttel belehnt, nachdem sein Vorgänger und Onkel, Abt Herbordus von Holle, dies schon vor 1555 versprochen hatte.

Personen mit persönlicher Verbindung zu Martin Luther

Ernst Herzog von Braunschweig und
Lüneburg
Ab 1718 Der Bekenner

1497 26. 06.	geboren in Uelzen
	Vater Herzog Heinrich der Mittlere
	Mutter Margarethe, Schwester von
	Friedrich dem Weisen
	älterer Bruder Otto,
	jüngerer Bruder Franz
1512	Studium in Wittenberg
1522	Herzog Heinrich dankt ab, Ernst und
	Otto werden gemeinsam Herzöge
1525	Öffentliches Bekenntnis zu Luther
1527	„Artikelbuch" in Celle verfasst
1529	Reichstag in Speyer „Protestanten"
1530	Reichstag in Augsburg
	„Augsburger Bekenntnis"
	Gewinnt Urbanus Regius für Celle
1546	Tod

Als erster ist hier **Herzog Ernst** zu nennen. Er hatte ab 1512 in Wittenberg studiert und im Schloss gewohnt. Seine Mutter Margarethe war die Schwester von Herzog Friedrich dem Weisen. Ob er schon während seines Studiums Kontakt zu Luther hatte, ist nicht belegt. Später traf er ihn 1527 in Torgau.

Heyno Gottschalk, Abt im Kloster Oldenstadt, bat Luther in einem Brief um Rat. (Nur die Antwort Luthers ist überliefert)

Gottschalk Kruse hatte in Wittenberg bei Luther studiert und war Herzog Ernst von Luther besonders empfohlen worden.

Dr. Wolf Cyclop war um 1510 Professor für Mathematik in Wittenberg. Um 1524 lebte er als Leibarzt in Celle. Er engagierte sich für Luthers Lehre, begann einen heftigen Streit mit den Franziskanermönchen und leitete damit die Reformation in Celle ein.

1489 Geb. in Argen am Bodensee
1519 Priesterweihe
1524 evangelischer Pfarrer
1530 an der „Augsburger Konfession"
     beteiligt
     Treffen mit Luther
     mit Herzog Ernst nach Celle
     dort Superintendent
1532 Superintendent in Lüneburg
     Zurück nach Celle als General-
     superintendent
1541 Tod in Celle

Urbanus Regius

Urbanus Regius stammte aus Süddeutschland, war lutherischer Prediger in

Augsburg und während des Reichstages mit Philip Melanchton an der Formulierung des „Augsburger Bekenntnisses" beteiligt. Herzog Ernst war ebenfalls in Augsburg und unterschrieb das Bekenntnis. Er gewann ihn auf Empfehlung Luthers zur Mitarbeit in Celle. Noch 1530 traf Urbanus auf seiner Reise nach Celle in Coburg zu einem ausführlichen Gespräch mit Luther zusammen. Er wurde Prediger und Superintendent in Celle später in Lüneburg und ab 1532 Landessuperntendent m Fürstentum.

Herzog Ernst und Urbanus Regius sind zwei Männer der ersten Stunde für die Entwicklung der lutherischen Reformation und zwar gleichzeitig für die große Entwicklung in Deutschland wie für die regionale und lokale Entwicklung hier. Urbanus Regius wirkte mit an der Formulierung des „Augsburger Bekenntnisses", Herzog Ernst unterschrieb das Bekenntnis 1530, nachdem er schon 1529 den Protest[6a]) der lutherschen Fürsten auf dem Reichstag in Speyer unterzeichnet hatte. Und gleichzeitig 1530 gibt es in Bienenbüttel und Wichmannsburg die erste protokollierte Visitation vor Ort. Wer visitiert hat, ist nicht vermerkt. Doch dass Herzog Ernst und Urbanus an den Entwicklungen im Kloster Medingen und im Kloster Michaelis durch persönliche Präsenz Einfluss genommen haben, ist gesichert.

Luther selbst hat die Entwicklung hier „in diesem Winkel der Erde" sicher auch wahrgenommen durch seinen persönlichen Kontakt zu Urbanus Regius, Herzog Ernst und per Brief zu Abt Heyno Gottschalk im Kloster Oldenstadt.

Auf eine weitere Besonderheit dieser Region sei hier hingewiesen. Es gab, abgesehen von einigen kleineren Unruhen in Celle und Lüneburg, kein nennenswertes Aufbegehren im Volk gegen Kirche und Obrigkeit. Auch religiöse Abweichungen und Sektiererei gab es nur sehr vereinzelt.

Die Kirchspiele vor der Reformation

Die auf dem heutigen Gemeindegebiet Bienenbüttel liegenden Dörfer gehörten zu drei Kirchspielen:

Zu St. Michaelis Bienenbüttel gehörten neben Bienenbüttel Grünhagen, Eitzen, Bardenhagen, Steddorf, Rieste, Beverbeck, Hohenbostel, Niendorf und Wulfstorf;
zu St. Georg Wichmannsburg gehörten neben Wichmannsburg Edendorf, Hohnstorf, Solchstorf und Bargdorf.
Zur Kirche Natendorf gehörten unter anderen die heute zu Bienenbüttel gehörenden Dörfer Bornsen und Varendorf.
Auf die Darstellung der Entwicklung des Kirchspiels Natendorf wird im Folgenden verzichtet, da dazu kaum aussagekräftige Quellen zur Verfügung stehen.

Das Kirchspiel Bienenbüttel gehörte zum Archidiakonat Lüneburg, das Kirchspiel Wichmannsburg zum Archidiakonat Bevensen. Beide Diakonate gehörten zum Bistum Verden. Auch die Patronatsklöster waren so zugeordnet.

Neben diesen Pfarrkirchen –hier waren ständig Pfarrer, Diakone und Küster tätig und es wurde regelmäßig die Messe gehalten – gab es in der Region Bienenbüttel drei Kapellen:

Rieste	1238 erbaut	1534 abgebrochen
Hohnstorf	1345 erwähnt	im 30jährigen Krieg verwüstet, die Ruine stand bis 1666
Grünhagen	1350 erbaut von Abt Ulrich	1710 abgebrochen

Diese Kapellen waren geweihte, meist kleine Kirchengebäude ohne feste Stellen für Geistliche. Hier wurden nur gelegentlich religiöse Handlungen vollzogen, z. B. Messen, Taufen, Begräbnisse. Alle diese Kapellen bestehen seit langem nicht mehr. Aus der Kapelle Grünhagen erhielt die Kirche

Bienenbüttel eine Glocke, sie ist bis heute erhalten geblieben. Die Kanzel aus Grünhagen kam nach Neetze und ist ebenfalls erhalten.[7] Mehr ist über die Kapellen, insbesondere die Standorte in den Dörfern, nicht bekannt. Lediglich ein später eingeführter Straßenname erinnert daran.[8]

Eine weitere kirchliche Einrichtung gab es in Edendorf: Eine Kaland-bruderschaft hatte dort ein Gildehaus als Treffpunkt.[9] Diese Bruderschaf-ten wurden im Verlauf der lutherischen Reformation aufgelöst. Von der Bruderschaft und dem Gildehaus finden sich in Edendorf keine Spuren mehr.

Die Kirche Wichmannsburg

An der Kirche Wichmannsburg ist eine Findlingsmauer mit kleinen roma-nischen Bogenfenstern erhalten.

Etwas Besonderes ist die Glocke dieser Kirche: Sie trägt das Datum 1512, gegossen von Hinrich von Kampen,) mit folgender Umschrift

„Maria . eyn. moder . der . barmharticheyt . byn . ick . geheten . de . my . syn . tho . hulpe . amen .lat . oene . god gheneten. AnnoXV^{c}un.XII"

Darüber hinaus findet sich eine weitere Beson-
derheit auf der Glocke: Sie trägt Namen,
Wappen und Porträt des Pfarrers :

„herr hinrick moller kerkherr"

Auf zwei weitere Schätze der Wichmanns-
burger Kirche ist noch hinzuweisen: Der
Schnitzaltar , um 1520 wahrscheinlich in der
Werkstatt von Levin Storch in Hildesheim
gefertigt, und ein gesticktes Antependium aus
dem 15. Jahrhundert, das später an das Kloster
Medingen kam und im 19. Jahrhundert von dort

an das Welfenmuseum Hannover (heute Kestnermuseum) verkauft wurde. Dieses Antependium wird von Karl Kayser in seiner Chronik ausführlich interprätiert.

[10])

[11])Diese auch heute noch bedeutenden Kunstwerke in einer kleinen Dorfkirche weisen darauf hin, dass in den Gemeinden auch vor der Reformation ein vielfältiges kirchlich-religiöses Leben praktiziert wurde und dass die Geistlichen über erhebliches Kapital   verfügen mussten (eigenes oder gestiftetes) . Der Glockenguss, die aufwendige Handschnitzerei, die überaus feine Stickerei kosteten auch damals schon ein Vermögen.

Das Bienenbütteler Kirchengebäude ist in seiner heutigen Form ein klassizistischer Bau, 1838 von dem bekannten Kirchenbaumeister Hellner erbaut. Der Feldsteinturm der alten Kirche, 1701/02 erbaut, stand bis 1907 und wurde dann durch einen neugotischen Ziegelbau ersetzt. Von dem abgerissenen älteren

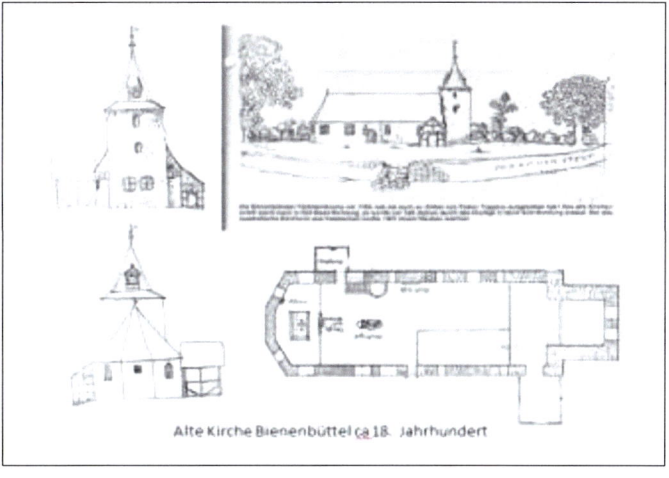

Alte Kirche Bienenbüttel ca 18. Jahrhundert

Kirchenbau sind einige detaillierte Zeichnungen von Gebhardi [12]) überliefert. Aus der reformatorischen Zeit stammt lediglich eine alte Glocke ‚gegossen 1525. Sie hing früher in der Kapelle des Schlosses Grünhagen und kam nach dem Abriss um 1710 nach Bienenbüttel. Ein besonderes „Erinnerungsstück" ziert einen Türbogen der Kirche: Es ist ein in Stein gehauenes und farbig gefasstes Wappen des Eberhard von Holle. Er war Abt des Klosters Michaelis von

Wappen von Holle in der Kirche Bienenbüttel

Eberhard von Holle

1555 bis 1589. Während seiner langen Amtszeit wurde der Sommersitz in Grünhagen zum Schloss ausgebaut. Auch hat er die teils zerstörte Kirche Bienenbüttel um 1564 wieder aufbauen lassen. Die 200 Jahre später entstandenen Zeichnungen Gebhardis zeigen wohl diesen Bau. [13]) [14]) [15])

Die Klöster vor der Reformation

Die Zeit vor der Reformation war keinesfalls eine ruhige, geruhsame Zeit. Die Klöster waren im 15.Jahrhundert Ziel einschneidender Reformen. Bis dahin waren sie mehr und mehr zu Versorgungseinrichtungen für Nachgeborene des Adels und der städtischen Patrizier geworden. Konnte diesen Söhnen und Töchtern keine standesgemäße Funktion im weltlichen Bereich geboten werden, traten viele mit erheblichem Besitz in ein Kloster ein. Das erlaubte ihnen dann einen sehr aufwendigen und wenig regulierten Lebensstil, der von der ursprünglichen Ordensregel[16]) sich immer weiter entfernte.

Hier setzte die 1438 begonnene „Bursfelder Reform" an. Es war der Versuch, die Grundidee der Benediktinerregel „ora et labora"[16]) neu zu beleben. Im Verlaufe des 15.Jahrhunderts übernahmen viele Klöster diese Reform und traten der 1446 offiziell vom Konzil in Basel anerkannten Bursfelder Kongregation bei. 1461 erhielt die Kongregation von Papst Pius II. den offiziellen Auftrag zur Reform aller deutschen Benediktinerklöster. 1477 trat auch das Kloster Medingen der Kongregation bei.

Die Einhaltung der neugefassten Ordensregel wurde durch regelmäßige Visitationen vor Ort und Berichte an die Kongregation überprüft. Solche Visitationen gab es seit langem in der Katholischen Kirche. Sie waren Recht und Pflicht der Bischöfe zur Kontrolle der Kirchspiele und Klöster. Im Verlauf der Entwicklung wurde dieses Visitationsrecht an die Archidiakone delegiert und nur noch sehr sporadisch wahrgenommen. Erst die Bursfelder

Reform belebte dieses Recht wieder. So fand 1479 die erste Visitation des Klosters Medingen durch den Bischof von Verden, Bertold, statt.[17])

Auch das Kloster Michaelis trat der Bursfelder Kongregation bei. Doch die Mönche des Klosters Michaelis waren mit diesem Beitritt, der ihre bisherige freie Lebensweise stark einschränken würde, nicht einverstanden. Sie bemühten sich beim Bischof von Verden und beim Papst um Aufhebung des Beitrittsvertrages; mit Erfolg, der Beitritt wurde annulliert.[18])

Ablassbrief von Herzog Albrecht von Brandenburg

Eine besondere Position der Klöster zu den Dörfern der Kirchspiele war der Besitz der Grundherrschaft an Höfen, teils an ganzen Dörfern. Damit waren die belehnten Bauern dem Kloster abgabe- und dienstpflichtig und unterstanden seiner Gerichtsbarkeit. Die anfangs bestehende Leibeigenschaft wurde schon im Verlaufe des 14. Jahrhunderts zuerst von den Klöstern aufgehoben.

Daraus entstand die Redewendung „unter dem Krummstab lässt sich gut leben".

Trotzdem war die Abhängigkeit der bäuerlichen Bevölkerung von den Klöstern massiv. Die mehr oder minder gebildeten Geistlichen konnten lesen und schreiben, sie lebten von den Erträgen aus der schweren Landarbeit der ungebildeten und analphabeten Landbevölkerung. Über deren Alltag gibt es leider kaum Zeugnisse. Von Urbanus Regius findet sich folgende Beschreibung:

> „räucherische Hütten, eine Arche Noah, Hunde, Katzen, Kühe, Kälber, Rosse, Säue, Hühner, Schafe, Alles beieinander, bei einem Feuer, da der Bauer auf Stroh liegt, alten stinkenden Speck isst und Brod hart wie ein Wetzstein" [19])

Eine weitere Einnahmequelle der Klöster war der Ablass; durch Kauf sogenannter Ablassbriefe erkaufte sich der Erwerber Befreiung von Sünden und damit von dem allgemein gefürchteten Fegefeuer. Die Praxis dieses Ablasshandels und Luthers Kritik daran leiteten ab 1517 die Reformation ein.

Das Kloster Medingen hatte in doppelter Hinsicht mit diesem Ablasshandel zu tun. Einmal erhielt das Kloster von 1464 - 1467 [20]) die Genehmigung, zur Deckung von Schulden einen Ablasskasten einzurichten, es verkaufte also Ablassbriefe. Zum anderen erwarb das Kloster Ablassbriefe für alle Nonnen und Geistlichen des Klosters; alle Namen und die Dauer der Sündenbefreiung werden darin aufgeführt.[21])

18

Exkurs: Die Entwicklung der Reformation in den Städten des Herzogtums: Celle – Uelzen - Lüneburg

Der Verlauf der Reformation in den Kirchspielen Bienenbüttel und Wichmannsburg ist vielfältig mit den Entwicklungen in den Städten verbunden. Celle war Residenzstadt des Herzogtums, Uelzen war die nächstliegende Hansestadt, und Lüneburg war Handelsmetropole und das Kloster Michaelis der Hauptgrundherr in diesem Gebiet. Die Darstellung als Exkurs wird knapp und auf das Wesentliche beschränkt sein.

Celle

In der Residenzstadt des Herzogs gab es schon sehr früh um 1524 reformatorische Aktivitäten. In diesem Jahr begann Wolf Cyclop, ein Arzt, der 1510 Professor in Wittenberg war, Streitschriften für die lutherische Reformation

Celle im 17. Jahrhundert – nach Merian

zu veröffentlichen. Er forderte damit agressive Reaktionen der Mönche des Franziskanerordens („Barfüßer") heraus. Der junge Herzog Ernst, bis 1521 selber Student in Wittenberg , griff bald in diesen Streit ein. Er war bereits 1526 dem Thorgauer Bund, einem Zusammenschluß evangelischer Fürsten, beigetreten. Damit hatte er sich öffentlich zu Luther bekannt. Er verbot den Franziskanern das Predigen und wies sie aus der Stadt. Sein Angebot, in den Dienst des neuen Glaubens zu treten, nahm keiner wahr. 1524 wurde Gottschalk Kruse nach Studium und Promotion in Wittenberg auf Empfehlung Luthers als herzoglicher Kaplan nach Celle berufen. 1527 beauftragte Herzog Ernst die lutherischen Prediger in Celle, ihm die Missstände der alten Kirche und gute Vorschläge für die neue Ordnung zusammenzustellen. Im gleichen Jahr wurde ihm das „Artikelbuch" vorgelegt, in 21 teils ausführlichen Artikeln aber nur in plattdeutscher Sprache:

> „Artikel, darinne etlike mysbruke by den parren des förstendoms Lüneborg entdecket unde dargegen gude ordenynge angegeven werden, mit bewysinge unde vorklarunge der Schrift."

Dieses Artkelbuch - über die Verfasser gibt es keine Angaben - ist bisher leider nicht ins Hochdeutsche übertragen. Der gesamte plattdeutsche Text ist als Anhang veröffentlicht. [22]

Herzog Ernst legte dieses Artikelbuch den Landständen des Fürstentums auf dem Landtag in Scharnebeck zur Beschlussfassung vor, doch es wurde abgelehnt. Stattdessen wurde eine sehr kappe Formulierung für die zukünftige Arbeit in den Kirchen beschlossen:

> „Gottes Wort (soll) überall in des Fürstentums Stiftern, Klöstern Pfarren rein, klar und ohne menschlichen Zusatz" gepredigt werden. [23]

Dieser Beschluss gilt allgemein als Beginn und Grundlage der Reformation im Fürstentum Lüneburg.

Trotz der Ablehnung wurde das Artikelbuch in den folgenden Jahren als Kirchenordnung und Richtschnur für die Visitation benutzt. Eine Kirchenordnung für das Fürstentum wurde erst 1564 [24] erlassen, eine Visitationsordnung erst 1568. [25] So galt dieses Artikelbuch fast 40 Jahre lang und ist bis heute nicht ins Hochdeutsche übertragen. Folgende hochdeutsche Zusammenfassung findet sich bei Adolf Wrede 1887. [26]

> Das sog. Artikel-Buch zerfällt in zwei Teile, in dem ersten werden die abzuschaffenden Misbräuche in 21 Artikeln festgestellt, im zweiten folgt der Beweis ihrer Unrichtigkeit aus der heiligen Schrift. Das Büchlein ist, wie das meiste in der damaligen Zeit, was nicht gerade aus der herzoglichen Kanzlei kam, in niederdeutscher Sprache

geschrieben.

An der Spitze wird die Forderung gestellt, die auch Ernst schon früher, wie wir sahen, ausgesprochen hatte, dass jeder Pfarrherr in eigner Person an seiner Kirche wirken soll. Lauter, klar und rein soll er das Evangelium predigen; Fabeln und andere unnütze „Wascherei" vermeiden. Christus allein und die Liebe zum Nächsten möge gepredigt werden (Art.2). Kein Pfarrherr soll für alle Zeiten eingesetzt werden. Die Obrigkeit muss Macht haben, die Säumigen zu strafen, an die Ungeschickten ihr Mass anzulegen und Kranken zu versorgen (Art.3). Jede Gemeinde soll durch Einsehen der Obrigkeit angehalten werden, dass ihr Pfarrer und die Kirchendiener eine genügende Versorgung haben (Art4), aber alle Amtshandlungen sollen frei sein, nur den Vierzeitenpfennig darf der Pfarrer fordern (Art 5). Die Geistlichen sollen sich eines ehrbaren Lebens befleissigen; wem es nicht gegeben ist, keusch zu leben, der soll sich in den Ehestand begeben (Art. 6). Die Gelübde der Klosterjungfrauen dürfen nur von solchen, die zu beständigen Jahren gekommen sind, und auch dann nicht auf ewige Zeit abgelegt werden (Art. 7). Fasten und die Feier der Festtage (mit Ausnahme des Sonntags) soll man in eines jeden Belieben stellen, aber solche Feste, wie Hagelfeier u. a., deren sich die Bauern in abergläubischer Weise bedienen, sollen abgeschafft werden; dagegen bei gegenwärtiger Not (wie schlechtem Erntewetter) im Gotteshause ein Gebet mit vorheriger Ermahnung aus der Schrift stattfinden (Art.8 – 11). Wallfahrten nach Bildern und die Bettelei, die besonders bei Geistlichen und Ordensleuten ein Gräuel ist, soll abgeschafft werden; aber man soll eine Ordnung schaffen, durch welche die Hausarmen versorgt werden und nicht zu betteln brauchen (Art. 12 – 14). Messe soll nicht um Geld gehalten werden. Es soll dabei das Wort Gottes gepredigt und sie soll Sonntags und nicht an anderen Tagen, wenn keine Communicanten da sind, gefeiert werden (Art. 15). Vigilien, Seelenmessen, Kalande und Brüderschaften sollen abgethan werden, ebenso Gesänge zu Ehren Marias, auch soll man kein Wachs, Wasser, Salz u. dgl. weihen (Art. 16. 18. 19.). Die Toten sollen ehrlich mit einer kurzen Ermahnung für die Lebenden begraben werden (Art. 17) Bei der Taufe soll deutsch geredet werden, damit nicht mehr so leichtfertig wie bisher bei der Übernahme der Patenschaft verfahren wird (Art. 20) Alle diese Artikel sollen so gelehrt und ausgelegt werden, dass die Schwachen nicht geärgert werden und die „Ruchlosen" keine „Freiheit fassen" (Art. 21)

Das Artikelbuch gewann auch unmittelbar für Bienenbüttel und Wichmannsburg erhebliche Bedeutung. Denn es wurde wahrscheinlich bei den ersten Visitationen um 1530 in den Kirchspielen als Kirchen- und Visitationsordnung angewandt.

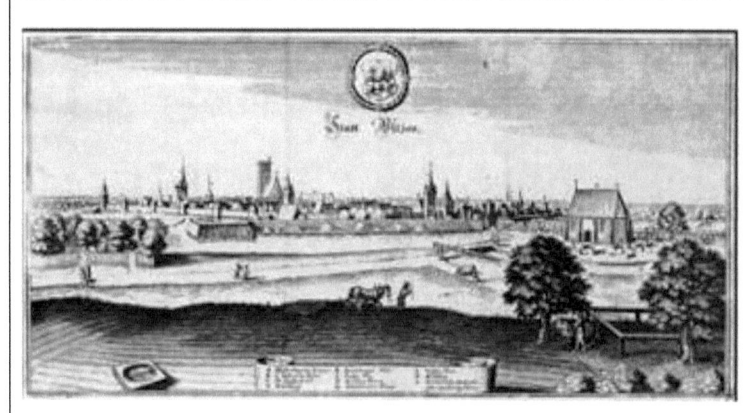

Uelzen in 17. Jahrhundert - nach Merian

Uelzen

Hier verlief die Entwicklung der Reformation wesentlich weniger spektakulär als in Celle. In Uelzen gab es seit langer Zeit das Kirchenamt des Probstes; er war verantwortlich für alle Kirchspiele in Uelzen. Der letzte katholische Probst war nach Thomas Vogtherr [29]) Herbert vom Hofe, von

Karl Kayser [28]) wird Theoderich Wulfhagen genannt. Der erstere soll um 1527 aus dem Amt verjagt worden sein, der andere soll sich der Reformation durch Flucht entzogen haben. Als Nachfolger wird von Herzog Ernst der aus Stade stammende Heinrich Wenmaring 1529 [29]) als neuer protestantischer Probst eingesetzt und er behält diesen Titel Probst. In anderen Bereichen wurde für diese Funktion der neue Titel Superintendent verwendet. Nur in Uelzen erhält sich die alte Dienstbezeichnung Probst bis heute.

Ein weiterer bedeutender Mann für Uelzen war Heyno Gottschalk, Abt des Klosters Oldenstadt seit 1506. Er wandte sich 1528 mit einem Brief an Luther. Leider ist dieser nicht erhalten, wohl aber die Antwort Luthers. Darin riet er dem Abt, mit seinen Brüdern im Kloster bleiben. Ein Leben außerhalb des Klosters würde für ihn wohl Unsicherheit und Not bedeuten können. Er könne auch im Kloster nach den Regeln des neuen Glaubens leben.
Gottschalk hielt sich nicht ganz daran. Er übertrug 1529 die Leitung des Klosters an Herzog Ernst. Der gewährte ihm Wohnrecht und Versorgung im Kloster.
Damit war Uelzen schon um 1530 unter der Regie Herzog Ernsts lutherisch. Hier deutet sich sehr früh die später im ganzen Herzogtum geltende neue Kirchenorganisation als Landeskirche mit dem Landesherrn als oberstem Kirchenherrn an.

Lüneburg

Die Entwicklung der Reformation in Lüneburg war außerordentlich komplex. Denn hier spielten neben dem Herzog Ernst und seinen Vertrauten – besonders

Lüneburg im 17. Jahrhundert -nach Merian

23

Urbanus Regius – der Rat der Stadt, das Kloster Michaelis und die „Bürger"
jeweils eine besondere Rolle. Im Folgenden wird besonders die
Entwicklung um das Kloster Michaelis dargestellt, denn das Kloster war für
die Region Bienenbüttel von erheblicher Bedeutung. Einmal war die Kirche
Bienenbüttel Patronatskirche des Klosters, und es war, wie schon beschrie-
ben der größte Grundherr der Region. In Grünhagen waren ein Sommersitz
des Klosters und eine Kapelle entstanden.

Vor 1530 gab es eine enge Verbindung zwischen dem Kloster Michaelis
und dem Rat der Stadt. Beide wollten Ansprüche des Herzogs abwehren.
Der wollte das Kloster in seine Regie übernehmen, gleichzeitig die
Reformation durchsetzen und mittelbar seine Machtposition in der Stadt
Lüneburg erweitern.

Unter den Bürgern gab es Unruhen und Aufbegehren gegen Rat, Geist-
lichkeit und die alte kirchliche Ordnung. Der Rat antwortete darauf mit der
Ausweisung von Bürgern. Einige fanden in Celle Aufnahme.

1528 sandte Herzog Ernst dem Rat der Stadt ein Exemplar des Artikel-
buches mit der Bitte, allen Pfarrern in Lüneburg ein Exemplar zur Verfü-
gung zu stellen; sie sollten ihre Arbeit in Zukunft danach gestalten.[30]
Leider gibt es keine Hinweise, ob daraufhin irgendetwas geschehen ist.

Als nächsten Schritt schickte der Herzog seinen besten Mann, Urbanus
Regius, nach Lüneburg. Er hatte ihn mit persönlicher Empfehlung Luthers
während des Reichstages in Augsburg für die reformatorische Arbeit im
Fürstentum gewonnen. Auf diesem Reichstag war das von Philipp Melanch-
ton verfasste „Augsburger Bekenntnis" von den die Reformation fördernden
Fürsten, auch von Herzog Ernst, unterzeichnet.[31]

Hier wird deutlich, wie eng die Entwicklung der Reformation im regionalen
Bereich des Fürstentums mit den großen Ereignissen dazu in Deutschland
verknüpft war. Zentrale Figur dafür war Herzog Ernst.

Urbanus Regius versuchte in seiner neuen Funktion als Superintendent zwischen den verschiedenen Interessen zu vermitteln, ohne seine reformatorische Einstellung zu verleugnen. So gelang es ihm, den Herzog zu bewegen, dem Kloster Sonderrechte einzuräumen, wenn es lutherisch würde. Der alte Abt des Klosters, Boldewin von Mahrenholz, unbeugsam katholisch, fühlte sich den Problemen nicht mehr gewachsen und erwog seinen Rücktritt. Er wollte im Sommersitz Grünhagen leben und beanspruchte erhebliche Besitzungen für sich. Doch das Vorhaben zerschlug sich, er blieb.

1532 wurde ein besonderes Jahr für die Entwicklung in Lüneburg. Es gab wieder Unruhen durch die Bürger, die Wollenwebergesellen stürmten die Klosterkirche, andere zoge in weißen Gewändern und mit Knochen in den Händen als Spottprozession durch die Straßen. Die Ruhe konnte nur mit Mühe vom Rat wieder hergestellt werden.

 Im Kloster versammelten sich einige Mönche unter Anleitung des Priors Herbardus von Holle zu einem lutherischen Gottesdienst. Statt einer Messe wurde das Abendmahl reformatorisch – in beiderlei Gestalt -[32]) gefeiert. Das wurde umgehend dem Abt Boldewin berichtet. Als unbeugsamer Katholik versuchte er wutentbrannt einzuschreiten; dabei traf ihn der Schlag, er starb noch in der Nacht, am 13. Dezember 1532.

Zur Neuwahl eines Nachfolgers trat das Wahlgremium des Klosters, der Convent, noch in derselben Nacht zusammen und wählte den Prior Herbardus von Holle – er hatte den lutherischen Gottesdienst geleitet – zum neuen Abt des Klosters Michaelis. Der Convent hatte damit alle bisher üblichen Formen der Abtswahl missachtet : Gespräche vorab mit dem Landesherren, mit dem Rat der Stadt, mit dem Bischof von Verden und mit möglichen Kandidaten.

Damit war das erste lutherische Kloster oder besser das erste Kloster mit lutherischem Abt entstanden. Dem Herzog war das sicher gar nicht recht, denn er strebte selber die Übernahme der Verwaltung des Klosters an. Das war jetzt nicht mehr zweckmäßig, denn er hatte die Notwendigkeit zur Übernahme der Verwaltung mit der Notwendigkeit die Reformation durchzusetzen begründet.

Von Holle hat dann in den 23 Jahren seiner Amtszeit das Kloster behutsam im Sinne Luthers umgestaltet. Die katholisch Gebliebenen konnten im Kloster bleiben und ihren Glauben praktizieren. Sein Nachfolger wurde 1555 sein Neffe Eberhard von Holle; er hatte dieses Amt als Abt – später wählte er den Titel „ Herr vom Hause" - bis zu seinem Tode 1586 inne. Sein Wirken war für Bienenbüttel bedeutend, er ließ z.B. den Sommersitz Grünhagen zum Schloss ausbauen.

Über die Rolle des Urbanus Regius während dieser Ereignisse gibt es keine Zeugnisse, doch sie darf sicher nicht unterschätzt werden. Er geht nach Celle zurück, und wird erster Landessuperintendent im Herzogtum und bleibt es bis zu seinem Tod 1541. Sein Nachfolger wird Martin Ondermark bis 1569.

Kloster Medingen: Von der Bibel im Feuer zum Nonnenkrieg

Ganz anders verlief die Entwicklung im Klarissinnenkloster Medingen als Patron der Kirche Wichmannsburg. Schon sehr früh 1524 versuchte Herzog Ernst mit einer wohl freundlich gemeinten Geste mit den Nonnen in Kontakt zu bekommen: Er schenkte der Äbtissin Elvers eine Lutherübersetzung des Neuen Testaments in plattdeutscher Sprache[33]) Die Äbtissin warf sie ins Feuer .

1529 griff der Herzog persönlich in die Auseinandersetzung mit dem Kloster ein. Er visitierte das Kloster persönlich, setzte den Probst des Klosters von Mahrenholz ab und stellte das Kloster und die

Propstei unter fürstliche Verwaltung, ein Amtmann wurde eigesetzt und ein lutherischer Prediger sollte zweimal wöchentlich alle Nonnen versammeln und Predigt halten.

Der Streit zwischen den Nonnen und abgeordneten Lutheranern dauerte die folgenden Jahre an und entwickelte sich zum „Nonnenkrieg"[34]). Inzwischen war Margarethe von Stöterogge, Schwester eine Lüneburger Patriziers, Äbtissin geworden. Sie war eine hochgebildete, streng katholische Frau, unbeugsam und mit festem Willen bis zum Starrsinn. In den nächsten Jahren griffen der Herzog und auch Urbanus Regius mehrfach in den Streit ein, die Äbtissin floh mit dem ganzen Klosterarchiv und den Hauptkostbarkeiten nach Hildesheim. Inzwischen hatte der Herzog große Teile des Klosters abreißen lassen. Die Nonnen wurden aufgefordert, binnen einer Frist evangelisch zu werden oder das Kloster zu verlassen. Sie klagten vor dem kaiserlichen Kammergericht in Speyer. Herzog Ernst erhielt vom Kaiser den Befehl, das Koster gänzlich in Ruhe zu lassen. Der Bischof von Verden erwirkte einen Schutzbrief des Kaisers.[35]) Daraufhin kehrte die Äbtissin nach Medingen zurück.

Langsam beruhigte sich der Konflikt, die evangelischen Gedanken gewannen an Boden, und 1554 traten Margarete von Stöterogge und der größte Teil der Nonnen zum neuen Glauben über. Ihre Kontrahenden waren schon lange vorher gestorben: Urbanus Regius 1541 und Herzog Ernst 1546.

Reformation durch Visitation

Durch diese Übernahme des Klosters wurde natürlich auch die Patronatskirche Wichmannsburg in fürstliche Verwaltung übernommen und noch im gleichen oder im folgenden Jahr visitiert. Diese Visitationen wurde protokolliert, die Protokolle ab 1530 sind überliefert und wurden von Kayser 1897 veröffentlicht.

Die Visitation wurde zwar, wie schon kurz erläutert auch in der katholischen Kirche als ein Kontrollrecht der Bischöfe praktiziert, oft delegiert an die Archidiakone. Doch sie wurde vor der Reformation nur noch selten und in besonderen Fällen angewandt. Lediglich für die Klöster der Bursfelder Reform wurde sie wieder regelmäßig praktiziert. Am Beginn der lutherischen Reformation gewann die Visitation für den Neuaufbau einer landesherrlichen Kirchenorganisation zentrale Bedeutung. Das hatte mehrere Gründe.

Noch gab es keine lutherische Ausbildung von Geistlichen. Die ersten evangelischen Pastoren waren fast immer katholisch ausgebildete und geweihte Priester, die sich durch öffentliches Bekenntnis für den evangelischen Glauben entschieden hatten. Um dies zu überprüfen, wurde das neue Amt des Superintendenten geschaffen mit der zentralen Aufgabe der Visitation. Maßstab für diese Kontrolle vor Ort im Fürstentum war am Anfang das Artikelbuch. Auch fällt in diese Zeit Luthers Veröffentlichung des Katechismus (1529). Er war zwar für die Unterrichtung der Jugend gedacht, doch war er auch Richtschnur für noch unsichere Pastoren.

Ein besonderes Problem am Anfang war die Versorgung der lutherischen Pastoren. Das alte System von Pfründen und Mehrfachämtern wurde mehr oder minder radikal abgeschafft, ebenso die bezahlten Messen und Segnungen. So musste der Pastor von Abgaben der Gemeindemitglieder leben.

Ein weiteres Problem war die Schaffung von Schulen und ein kontinuierlicher Unterricht. Verantwortlich dafür sollte der Küster sein. Die Forderung war verständlich, denn wenn die Bibel (und der Katechismus) in deutscher Sprache erschienen, mussten die Menschen sie auch lesen können. Diese Problematik – am Beginn der Reformation schon deutlich – wird aber mehrere 100 Jahre andauern und erst im 19. Jahrhundert einer Lösung näher kommen.

Karl Kayer gab seiner Veröffentlichung der Visitationsprotokolle den Titel „Die reformatorischen Kirchenvisitationen in den welfischen Landen 1542 –

1544". Trotz der zeitlichen Eingrenzung nahm er auch frühere Protokolle in diese Sammlung auf. Und so finden sich die folgenden Protokolle zur Visitation in Wichmannsburg und Bienenbüttel für 1530, 1534 und 1543. Damit sind Wichmannsburg und Bienenbüttel und einige andere Kirchspiele der Region die am frühesten visitierten Gemeinden im Fürstentum, wahrscheinlich in ganz Norddeutschland. Die Protokolle sind plattdeutsch abgefasst. Im Folgenden wird zuerst die von Kayser veröffentlichte plattdeutsche Fassung abgedruckt. Zum besseren Verständnis folgt dann die Übertragung ins Hochdeutsche von Brohmann und Runne.[36])

Die Visitation von 1543 wurde im ganzen Fürstentum durchgeführt und erfasste alle Kirchspiele. Sie gilt allgemein als Abschluss der Reformation im Fürstentum.

Visitationsprotokolle Wichmannsburg [37])

Wychmannsborg (Wichmannsburg). [1266])

(1530. De kercher to Wichmesborch hest tho syner erholdinge vj wigh. roggen. xij Mk. van wischen, ij Mk. van einem koter, noch xviij ß van koten, iiij Mk. vertydepenning. iiij prouen jarliges, eyn jder vnd juwelfer vp 1 ß to refende, loppet vp xxxix houe x Mk. iiij ß. Item bartho van den xxxix houen vnd xij katen eyn jder iij ß. maketh x Mk. 1 ß. So xlvij Mk. iij ß. Dusse hesth nyenen acker gehath, dar vmme ist de Summa höger angeslagen. [1266])

(1543.) Pastor marquarduß kempen [1267]) klaget, dat lutke meiger tho wychmansborg, de juraten clagen, dat henric moller to honstorp en wegern to betalen jarlix viij ß, der gelyken dat ock Jorgen Otten wegert ock to betalen acht schilling, sint beide Lüner menner.

Kayser, Visitationsprotokolle, S. 559

Wychmannsborg (Wichmannsburg) 1530. „Der Pfarrer zu Wichmannsburg hat zu seinem Unterhalt 6 Wich-himpten Roggen. 12 Mark von Wiesen, 2 Mark von einem Kötner, noch 18 Schilling von Kötnern, 4 Mark Vierzeiten-pfennig. 4 Pröven jährliches, ein jeder und jedweder auf 1 Schilling zu rechnen, beläuft sich auf 39 Höfe 10 Mark 4 Schilling. Ferner dazu von den 39 Höfen und 12 Koten ein jeder 3 Schilling, macht 10 Mark 1 Schilling. Summa 47 Mark 3 Schilling. Dieser hat keinen Acker gehabt, darum ist die Summe höher angeschlagen."

1543. „Pastor Marquard Kempe klaget, daß Lutke Meier zu Wichmannsburg, die Juraten klagen, daß Heinrich Möller zu Hohnstorf ihnen verweigert jährlich 4 Schilling, des-gleichen, daß auch Jürgen Otte verweigert zu bezahlen 8 Schilling. Sie sind beide Lüner Gutsleute" [15]).

Brohmann, Geschichte von Bevensen, S.55 - 56

Nach der Auflistung der Ansprüche des Pfarrers in Naturalien und Geld ist sicher auch der Hinweis wichtig, dass die Summe höher ist, weil der Pfarrer keinen Acker gehabt hat.

Für 1543 wird als erstes der Name des Pfarrers, Marquard Kempe, genannt. Und von ihm werden nur Klagen über nicht gezahlte Gelder in das Visi-tationsprotokoll aufgenommen. Auch ein Hinweis auf den Grundherren der Schuldner - Kloster Lüne – wird gegeben. Damit haben die Festschrei-bungen in 13 Jahren kaum eine positive Wirkung gehabt.

So banal uns das heute erscheinen mag, 1530 bzw. 1543 hielten es die Visitatoren für wert, protokolliert zu werden.

Brohmann macht darauf besonders aufmerksam: „Die Besoldungsver-hältnisse der Pfarrer wurden genau untersucht, da diese eine unerlässliche Vorbedingung für die Begründung der lutherischen Landeskirche waren."[37]

Visitationsprotokolle Bienenbüttel

Bynnenbotel vogedye.

Benenßen (Bevensen). [1175]

(1530. Is dem kerckhern gerefet, v wichhempte vnd iiij ß tynß

iiij gulden van grafze, xij Ml. van dem vertyden pennege, ij wigh.
roggen von acfer tynß. iij wigh. roggen van tegeden. So xxxiij Mt.
iiij ß. Hyrto xCiiij houener vnd xl foten van einem jderen jarlige
ij ß. matet xviij Mt. viij ß.

1534. De Kercke heft wandages dem Archidiacono tho verden
gehorth.)

Kayser, Visitationsprotokolle, S 527-528

Bienenbüttel Vogtei

Bevensen

(1530) Ist dem Kirchherrn (= *Pastor*) zugerechnet 5 Wichhimten und 4 Schillinge
Zins....4 Gulden vom Gras (= *Heu*), 12 Mark von den Vierzeiten-Pfennige (*) 2
Wichh. Roggen vom Ackerzins. 3 Wichh. Roggen vom Zehnten. Summa 33 Mark 4
Schillinge.Hierzu (*gehören*) 94 Höfner (= *Hofstellen*) und 40 Koten, (*geben*) von
einem jeden jährlich 2 Schillinge, macht 18 Mark 8 Schillinge.

1534. Die Kirche hat einst dem Archidiakon zu Verden gehört. (**)

(Übertragung Holger Runne)

Wie schon im Protokoll Wichmannsburg erscheinen auch hier nur die dem Pfarrer -
hier als Kirchenherr bezeichnet – zustehenden Naturalien und Gelder.

Der Hinweis von 1534, dass die Kirche einst dem Archidiakon zu Verden gehört
habe, wirft Fragen auf. Damit muß wohl der Archidiakon in Lüneburg gemeint

sein, denn die Kirche Bienenbüttel war Patronanatskirche von Kloster Michaelis Lüneburg.

Nun folgt unter dem Jahr 1534 ein weiteres ausführlicheres Protokoll für die Kirche Bienenbüttel.

Ju der visitation to Medingen vigilia matthei.

Bynnebotel (Bienenbüttel). [1262]

(1534. Pastor Christoferus. Von anderer Hand: Anthonius

Rutter. [1263]) Custos Johannes. (1530.) [De kerckhere] heft to erholdinge iij wigh. roggen vam acker thus, xij Mk. van wischen, 1 gld. van 1 sater, noch xvj ß van 1 sater, 1 Mk. van Elring (Ellringen), iiij Mk. verdiden penninge in alle. Item van xxxiij hoven, van jederen hove jarliges iiij pronen, eyn up 1 ß to rekende, maket viij Mk. iiij ß. Item van xxxiij hoven vnd xiij saten, van jederem jarliges iij ß. maket ix Mk. ij ß. So xlij Mk. vj ß. Hyr tho heft he xxviij schinken, der ys ock de acker vnd wischen jugeslagen. (1534.) Item tho dem Gronhagen steith eyne Capell, heft Her Warner Harstrid tho Luneborch vnd is eyne vicarie.)

(1543.) Pastor Anthonius claget, dat he so arm sy vnd vth nottruftichet hebbe vorcofft syne bokeren vnd itzundes neue boker hebbe edder kopen sonne pre paupertate, weute syne parochiani (de vnwerld wolden holen edder geuen präscripta illis a principe clementissimo vnd an stadt 1 verordnunge [1264]) eyne eigene dem kerckheren angericktet) betalen en duel, ock wath se em julueft to syner erholdinge thogesacht, also dat en ly den julueu noch nastenbich sint mer men xv Mk. lübsch, allegant paupertatem et exactiones annuas, hinc cogitur ille csurire, algere; biddet derhaluen de pastor hieryane f. g. bystand vnd hulpe.

Ock claget he, dat de juraten em den weddemhoff nicht bunwen willen, vnde de juraten excuseren sich hier cum inopia, weute der kercken vplumpsten sint hyr geringe, vnde de kercke is ock bunselige; ock konnen se neen holt darto kryggen. Tartho sint kspellude hyr to ganz vnwillig.

Ock biddet de kerckher, dat f. g. em tho syner vuringe jarlix geuen mochte eynen bome vth gnaden. Ock begert de kerckher, dat em doch mochte togelecht werden herman hase der juraten menger, dat he von demjuluen den denst hebben mochte mith plogen vnd vuren in syner nottruffte. Hier is nichts thouoren, darmede men dem kerckheren helpen kan, sine ex bonis ecclesie, sine ex parochianis, sondern allene dith, so man in der gude handelen mochte mit dem ksspelvolcke, da eiu yder em des jars eimmal denede, de meiger mit plugen vnd vorende, de köter mit der handt tho syner nottrufft, weute dar vor mot de pastor veel geldes spilden vnd eu dach vnd jar sonde de lude nicht veel besweren. De tolage des meigers der kercken mochte vnlust maken.

Kayser, Visitationsprotokolle S. 557 – 558

32

In der visitation to Medingen vigilia matthei (am Vortage von St. Matthäus).

Bynnebotel (Bienenbüttel) 1534. „Pastor Christoferus. Anthonius Reuter. Küster Johannes. 1530. Der Pfarrer hat zu erhalten 3 Wichhimpten Roggen vom Ackerzins, 12 Mark von Wiesen, 1 Gulden von einem Kötner, noch 16 Schilling von 1 Kötner, 1 Mark von Ellringen (Kr. Bleckede), 4 Mark Vierzeitenpfennig alles in allem. Ferner von 33 Höfen, von jedem Hofe jährlich 4 Pröven, eine auf 1 Schilling zu rechnen, macht 8 Mark 4 Schilling. Ferner von 33 Höfen und 13 Koten, von jedem jährlich 3 Schilling, macht 9 Mark 2 Schilling. Summa 42 Mark 6 Schilling. Hierzu hat er 28 Schinken, darin sind auch Aecker und Wiesen mit einbegriffen. 1534. Ferner steht zu Grünhagen eine Kapelle, hat Herr Werner Harstrick zu Lüneburg und ist eine Vikarie."

1543. „Pastor Antonius klaget, daß er so arm sei und aus Notdürftigkeit seine Bücher verkauft hat und jetzt keine Bücher habe oder wieder kaufen könne, wenn seine Lieferanten ihn so übel bezahlen, auch das, was sie ihm selbst zu seiner Erhaltung zugesagt haben, also daß ihm bei denselben noch nachständig sind mehr denn 15 lübische Mark . . . deshalb bittet der Pastor hierin fürstlicher Gnaden Beistand und Hülfe."

„Auch klaget er, daß ihm die Juraten das Witwenhaus nicht bauen wollen, und die Juraten schließen sich hier wegen Armut aus. Die Aukünfte der Kirche sind hier gering, und die Kirche ist auch baufällig; auch könne sie kein Holz dazu bekommen. Dazu sind die Kirchspielleute hier noch ganz unwillig."

„Auch bittet der Pastor, daß fürstliche Gnaden ihm zu seiner Feuerung jährlich geben möchte einen Baum aus Gnaden. Auch begehrt der Pfarrer, daß ihm doch möchte zugelegt werden Hermann Hase, der Juraten-Meier, daß er von demselben den Dienst haben möchte mit Pflügen und Fuhren zu seiner Notdurft. Hier ist nichts zu fordern, damit man dem Pfarrer helfen kann, weder von dem Kirchenvermögen noch von den Kirchspielleuten, sondern allein dies, daß man in Güte verhandeln möchte mit dem Kirchspielvolk, daß ein jeder ihm des Jahrs einmal dient, der Meier mit Pflügen und Fuhren, der Kötner mit der Hand zu seiner Notdurft, denn sonst muß der Pastor dafür viel Geld hingeben, und ein Tag und Jahr könnte die Leute nicht viel beschweren. Wenn der Meier der Kirche zugelegt würde, so möchte das Unwillen erregen" [14]).

Übertragung Brohmann, Geschichte von Bevensen, S 527 - 528

Zu Anfang des Protokolls werden drei Namen genannt: Pastor Christoferus Antonius Reuter (Rutter), Küster Johannes und Werner Harstrick, Lüneburg als Besitzer der zur Kapelle Grünhagen gehörenden Vikarie. Es folgt die Abgabenauflistung zur Versorgung des Pfarrers . „ Der Pfarrer hat zu erhalten…" Die Liste enthält Naturalien: Roggen, 28 Schinken (!) und viele verschiedene Geldabgaben. Ob der Pfarrer damit auch seine Bediensteten versorgen muss, wird nicht ausgeführt, liegt aber nahe.

Eine besondere Fleißaufgabe wäre es, die Abgaben für den Pfarrer auf heutigen Geldwert umzurechnen, damit würde die wirtschaftliche Situation des Pfarrers transparent.

Dass es wohl nicht gereicht hat, zeigt das Protokoll der Visitation von 1543. Der Pastor beklagt, „dass er so arm sei und aus Notdürftigkeit seine Bücher verkauft hat und jetzt keine Bücher habe oder wieder kaufen könne…." Auch wegen erheblicher Außenstände erbittet er „fürstlicher Gnade Beistand und Hilfe." Für seine Feuerung bittet er „fürstliche Gnaden" um einen Baum.

Hier wird deutlich, dass der Pastor den Landesherrn um Beistand und Hilfe anspricht. Die neue landesherrliche landeskirchliche Organisation der Kirche war dem Landpfarrer bekannt. Er glaubte, dass die Visitationsprotokolle an den Herzog gingen. Das traf aber für die Protokolle von Bienenbüttel nicht zu; das lutherische Kloster Michaelis als Patron der Bienenbütteler Kirche unterstand nicht der Regie des Herzogs, die Protokolle blieben bei dem vom Kloster eingesetzten Superintendenten. Das blieb auch sicher bis zur Visitation von 1568 so, wie Lange in einem Aufsatz 1960 darstellte.[38])

Reuter klagt weiter, die Juraten [39]) verweigerten den Bau eines Witwenhauses. Das war notwendig, denn die lutherischen Geistlichen waren gehalten zu heiraten . Damit musste in der Gemeinde für die Witwen gesorgt werden.

Die Kirche, klagt Reuter weiter, sei baufällig und er bekomme kein Holz. Dieses Problem dauerte noch 21 Jahre. Erst Eberhard von Holle, zweiter lutherischer Abt des Michaelisklosters, förderte 1564 Wiederaufbau und Renovierung des Kirchengebäudes.[40]) Die Zeichnungen von Gebhardi aus dem 18. Jahrhundert zeigen wohl dieses Gebäude.

Weitere Forderungen nach Diensten - Fuhren und Pflügen - wurden schon im Protokoll abgelehnt. Hier solle er „in Güte verhandeln" mit dem Kirchenvolk.

So zeigt sich in diesen kurzen Auszügen aus den frühen Visitationsprotokollen, wie weit die Organisationsstruktur der neu entstehenden Landeskirche zu dieser Zeit hier schon gediehen war. Die Superintendenten arbeiteten als Visitatoren, in der Kirchengemeinde gab es neben dem Pastor die Juraten, Geschworene aus der Gemeinde etwa dem heutigen Kirchenvorstand entsprechend und das Kirchenvolk, also die Gesamtheit der Gemeindemitglieder. Bei den Superintendenten gab es ab 1530 eine Hierarchie, unter dem Landessuperintendenten (ab 1532 Urbanus Regius) regional verantwortliche Superintendenten in den größeren Orten. Auch die Sonderrolle des Klosters Michaelis wird im Umgang mit den Visitationsprotokollen erkennbar.

Sprachen der Reformation

Der Beginn der Reformation in unseren ländlichen Kirchspielen lief sicher über das gesprochene – und das gesungene – Wort. Die ländliche Bevölkerung, ohne Schulbildung und analphabetisch sprach nur plattdeutsch; diese Sprache als nur gesprochene Sprache hatte manche regional, teils lokal ausgeprägte Unterschiede. Lediglich in den Städten hatte sich unter dem Einfluss der Hanse und der Rechtsordnung eine Schriftform entwickelt. So waren die ersten entscheidenden Texte der Reformation in Norddeutschland z.B. das Artikelbuch in Plattdeutsch verfasst. Doch mehr und mehr gewann das „Luther-Deutsch" als Vorform des Hochdeutschen an Bedeutung. Das wurde sicher gefördert durch besonders bedeutende Schriften Luthers in Hochdeutsch, z.B. den Katechismus 1529 und die erste vollständige Bibel 1534. Es gab verschiedene Versuche, plattdeutsche Bibeln herauszugeben, z. B. durch Bugenhagen in Hamburg. Doch ihre Verbreitung blieb begrenzt und konnte den Siegeszug der hochdeutschen Lutherbibel nicht beeinflussen, besonders als 1545 eine überarbeitete Endfassung mit vielen Holzschnitten erschien. Im Herzogtum Lüneburg wurde die Förderung des Hochdeutschen auch ganz massiv durch Urbanus Regius vorangerieben, denn er sprach kein Plattdeutsch.

Die Bedeutung Luthers für die Entwicklung der hochdeutschen Sprache hat sich aber in den letzten Jahrzehnten gewandelt. Die Forschung belegt inzwischen, dass die Entwicklung zur frühneuhochdeutschen Sprache schon im 14. Jahrhundert begann. Das moderne Neuhochdeutsch beginnt aber erst um 1650, also100 Jahre nach Luther. Damit soll aber keinesfalls das Verdienst Luthers an der Entwicklung geschmälert werden. Denn viele von ihm neu gewählte Sprachformen haben sich bis heute erhalten.[41])

Die endgültige Ablösung des Plattdeutschen als besonders ländliche allgemeine Umgangssprache vollzog sich erst im Verlauf des 19. Jahrhunderts durch die Durchsetzung der allgemeinen Schulpflicht auch auf dem Lande.

Lutherbibel 1534   Lutherbibel 1545

Das Lateinische verlor bald an Bedeutung, es blieb die Fachsprache der Geistlichen, auch der evangelischen, der höheren Bildung an Gymnasien und der Wissenschaften an den Universitäten ganz allgemein.

Auf eine besondere, sich gleichzeitig mit der Reformation vollziehende Entwicklung soll zum Abschluss besonders aufmerksam gemacht werden, man könnte sie die erste „mediale Revolution" bezeichnen. 50 Jahre vor Luther hatte Gutenberg den Buchdruck erfunden, sehr schnell bekannt geworden durch die katholische lateinische 42-zeilige Bibel. In kurzer Zeit verbreitete sich die neue Technik in Deutschland und Europa. Durch Kultivierung des Holzschnitts war auch die Ergänzung von Texten mit Bildern möglich. Für die Reformation gewann neben anderen besonders die Werkstatt von Lucas Cranach und Hans Lufft in Wittenberg besondere Bedeutung. Hier wurden neben der Bibelübersetzung weitere Schriften Luthers und eine Flut von Bildern und Flugblättern gedruckt und verkauft. So gewannen die Gedanken und Absichten Luthers, seiner Mitstreiter und auch seiner Gegner Publizität und Verbreitung in kurzer Zeit. Ohne diese rasante Entwicklung der neuen Medien wäre die Reformation, wenn überhaupt, anders verlaufen.

Lukas Cranach   Johannes Gutenberg

Zusammenfassung und Ausblick

Zu Anfang erschien es etwas verwegen, nach 500 Jahren einer Bewegung von Weltbedeutung, der Reformation, in zwei kleinen Dörfern in der wenig besiedelten Lüneburger Heide nachzugehen. Doch es zeigte sich bald, dass das große Weltgeschehen gar nicht so weit weg war, ja, es gab Gleichzeitigkeiten und unmittelbare, direkte Zusammenhänge zwischen unseren Dörfern und den großen Ereignissen in Wittenberg, Augsburg, Speyer.

Und es gab Entdeckungen, oft verborgen in alten Veröffentlichungen. Dazu gehört insbesondere das oft genannte „Artikelbuch" in Plattdeutsch. Es war Richtschnur und Anleitung für die ganz frühen Visitationen, die in unseren Kirchspielen Bienenbüttel und Wichmannsburg stattfanden. Dieses Artikelbuch liegt bisher nur in Plattdeutsch vor, ist bisher wohl kaum in der historischen und theologischen Diskussion beachtet worden. Darum wurde es dieser Studie als Anhang komplett beigefügt in der Hoffnung, dass sich Plattdeutschkundige an eine Übertragung wagen.

Für diese Darstellung wurde nur bereits veröffentlichtes Material verwandt. Auf Quellensuche und Archivarbeit wurde verzichtet. Vielleicht regen einige Gedanken und Perspektiven zu vertiefenden Untersuchungen an.

Und noch eine Beschränkung: Die teils sehr ideologische Deutung der Ereignisse in den folgenden 500 Jahren ist religions- und geistesgeschichtlich bis in die Gegenwart hinein von erheblicher Bedeutung. Doch eine solche Erweiterung hätte diese Darstellung gesprengt.

Anmerkungen

1. Authentizität des Thesenanschlags

Die Authentizität des *Thesenanschlags* ist umstritten. Zweifelsfrei ist die Existenz des zunächst handschriftlichen Thesenpapiers. Ein Exemplar ging an den Erzbischof Albrecht von Mainz, der zugleich Erzbischof von Magdeburg und als solcher für Wittenberg zuständig war. Weitere Exemplare gingen an andere geistliche Würdenträger des Reiches und eines – als Reaktion auf dessen Instruktionen – an den Ablassverkäufer Johannes Tetzel, der aber darauf nicht reagierte. Ohne dessen Einverständnis wäre eine öffentliche Disputation wohl als schwere Provokation aufgefasst *worden. Es ist unwahrscheinlich, dass Luther dies beabsichtigte oder sich* über eine solche mögliche Konsequenz nicht im Klaren gewesen wäre.

Der Thesenanschlag wird erstmals erwähnt von Luthers Sekretär Georg Rörer, der 1540 (oder 1544) in einer Bearbeitungsnotiz zum Neuen Testament von der Bekanntmachung der Thesen an den Türen mehrerer Wittenberger Kirchen berichtet: „Am Vorabend des Allerheiligenfestes des Herrn im Jahre 1517 sind von Doktor Martin Luther Thesen über den Ablass an die Türen der Wittenberger Kirchen angeschlagen worden."[8] Der Fund legt also nahe, dass die Thesen an mehreren Wittenberger Kirchen gleichzeitig veröffentlicht wurden. Allerdings ist die Beweiskraft des Dokumentes umstritten.[9][10] Diese Notiz wurde 2006 aufgefunden.[11] Allerdings ist unwahrscheinlich, dass Rörer Augenzeuge des Thesen-anschlags war.Bis zu Luthers Tod 1546 ist vom Thesenanschlag in keiner reformatorischen Publikation die Rede. Popularisiert wurde er erst danach, insbesondere durch Philipp Melanchthon, der ihn erstmals 1547 in der Vorrede zum zweiten Band seiner Ausgabe der Werke Luthers erwähnte. Dieser sei als Herausforderung zu einer der üblichen akademischen Disputationen gedacht gewesen. Melanchthon wurde allerdings erst 1518 nach Wittenberg berufen und kann daher nicht Augenzeuge eines solchen Ereignisses gewesen sein. Ausgehend von Melanchthon entwickelte der Thesenanschlag sich zu einem Gründungsmythos der Reformation.

Das Ereignis des Thesenanschlags wird seit 1961 vom katholischen Kirchengeschichtler Erwin Iserloh in Frage gestellt.[12] Der Kirchenhistoriker Heinrich Bornkamm meinte hingegen, dass es durchaus den üblichen Gepflogenheiten akademischer Disputationen in Wittenberg entsprochen habe, die Thesen an der Schlosskirche als Universitätskirche öffentlich anzuschlagen, denn sie diente auch als Auditorium maximum bei Disputationen und Promotionen. Auch der Kirchenhistoriker Kurt Aland hält die Ereignisse für authentisch.

Gerhard Prause fasste 1966 in seinem Buch *Niemand hat Kolumbus ausgelacht. Fälschungen und Lügen der Geschichte richtiggestellt* die Geschichte der 95 Thesen zusammen und legte dar, dass der Anschlag der 95 Thesen ein Mythos sei, der auf eine Fehlinterpretation eines Textes des damals einzigen bekannten Zeitzeugen Johannes Agricola zurückgehe. Man habe *me teste* (lateinisch „wie ich bezeugen kann") gelesen, statt *modeste* („in bescheidener Weise"). Prause zufolge schrieb Agricola also: „Im Jahre 1517 legte Luther in Wittenberg an der Elbe nach altem Universitätsbrauch gewisse Sätze zur Disputation vor, jedoch in bescheidener Weise und damit ohne jemand beschimpft oder beleidigt haben zu wollen". Möglicherweise muss diese Ansicht durch die Notiz des Luther-Sekretärs Georg Rörer revidiert werden.

2. Zitiert aus Wikipedia „Heyno Gottschalk" Übersetzung von Gunther Schendel
3. Eine ausführliche Biographie siehe Behnke, Eberhardt, Pastor Kayser und seine Chronik des Kirchspiels Wichmannsburg SPUREN 4, Bienenbüttel 2006
4. Siehe dazu Laudan, Wilma, Grünhagen, Spuren 17, Bienenbüttel 2014
5. siehe dazu Uelzener Beiträge 14, Vogtherr, Hans-Jürgen (Hrsg.) , Herzog Ernst der Bekenner und seine Zeit, Uelzen 1998
6. Siehe dazu Dr. Gerhard Uhlhorn, Urbanus Regius, Elberfeld 1861, Reptrint 1968
6a. Aus dieser Protestaktion entwickelte sich die Bezeichnung „Protestanten" für die Anhänger der lutherischen Reformation.
7. Laudan, a.a.O., S 28 – 31
8. Hohnstorf „Kapellensteg"

9. Siehe Behnke, a.a.O.

10. Schnitzaltar, siehe dazu Schäffer, Schnitzaltäre des späten Mittelalters im Kreis Uelzen

11. Im Besitz des Kestnermuseums Hannover, Foto Kestnermuseum Hannover

12. Gebhardi, Ludwig Albrecht, Kollektaneen, Kopie in der Ratsbibliothek Lüneburg

13. Foto der Glocke AZ

14. Foto von Holle Wikipedia

15. Wappen von Holle U. Niehoff

16. Z. B. Armut, Keuschheit, Gebet, Arbeit

17. Gebhadi, Ludwig Albrecht, Kurze Geschichte des Klosters St. Michaelis in Lüneburg , Celle 1858, S.57 - 58

18. Gebhadi, Ludwig, a.a.O.

19. In: Uhlhorn, Gerhard, Urbanus Rhegius, Elberfeld 1861, S 162. Dieses Zitat findet sich in verschiedenen Veröffentlichungen, so auch neben Uhlhorn bei Kayser und bei Vogtherr. Leider findet sich aber kein Hinweis auf den Ursprung bei Urbanus.

20. Kayser, a.a.O, S. 46 ff

21. Kayser, a.a.O. S 47

22. Sehling, Emil, Die evangelischen Kirchenordnungen des XVI. Jahrhunderts, Tübingen 1955, S 492 - 521

23. Wrede, Adolf, Die Einführung der Reformation im Lüneburgschen Göttingen,1887 , S 85

24. Sehling, a.a. O 1955 S. 533 ff

25. Sehling, a. a. O 576 ff

26. Wrede, Adolf, a.a.O., S. 80 -81

28. Kayser, Karl, Chronik des Kirchspiels Wichmannsburg, S. 47 ff

29. Siehe: Vogtherr, Thomas, Martin Luther, Herzog Ernst und die Reformation, in „Der Heidewanderer" Nr 19, 13. Mai 1917, Beilage der Uelzener Algemeinen Zeitung

30. Anschreiben veröffentlicht von A. Wrede, Eine für die Reformations-
geschichte des Fürstenthums Lüneburg wichtige Urkunde.

31. Augsburger Bekenntnis, siehe Wikipedia, Confessio Augustana.

32. In der neuen reformatorischen Form des Abendmahls wurde nach der
Wandlung Leib und Blut Christi – Brot und Wein – an alle Teilnehmenden
gereicht, in der katholischen Form trank nur der Priester vom Wein.

33. Hierbei wird es sich um die als „Septembertestament" bezeichnete erste
lutherische Übersetzung des Neuen Testaments handeln, das auf der
Wartburg entstand. Eine plattdeutsche Übertragung erschien 1523. Siehe
Reinitzer, Heimo, Biblia deutsch, Luthers Bibelübersetzung und ihre
Tradition, Wolfenbüttel 1983

34. Diese Bezeichnung für die Auseinandersetzungen erhielt sich über
Jahrhunderte. 1934 wurde ein Festspiel in drei Akten von Theodor von
Rummel mit dem Titel „Der Nonnenkrieg im Kloster Medingen" im
Klosterhof aufgeführt.

35. Homeyer, Joachim, Urkundenbuch des Klosters Medingen, Hannover
2006, s. 670 ff, Urkunde Nr. 697

36. F. Brohmann, Geschichte von Bevensen und Kloster Medingen,
Bevensen 1928, S. 52 ff

37. Die folgenden Visitationsprotokolle werden einmal in der von Kayser
veröffentlichten Form plattdeutsch abgedruckt; daran schließen sich
Übertragungen ins Hochdeutsche von Brohmannn, a.a.O. und von Holger
Runne, Gemeindearchivar Bienenbüttel an.

38. Lange, Bernhard, Die General-Kirchenvisitation im Fürstentum
Lüneburg 1568, in Jahrbuch der Gesellschaft für niedersächsische Kirchen-
geschichte, 58. Band, 1960, S. 41 - 100

39. Juraten: Kirchengeschworene, vergleichbar dem heutigen
Kirchenvorstand

40. Siehe : Funke, Hans u. Fricke, Gabriele, Die evangelisch-lutherischen
Pastoren des Kirchenkreises Uelzen, 2. Aufl. Uelzen 2010, S. 55

41. Wikipedia, Luther

Literaturverzeichnis

Behnke, Eberhard, Pastor Kayser und seine Chronik des Kirchspiels Wichmannsburg, Spuren 4, Bienenbüttel 2006

Brohmann, F. Geschichte von Bevensen und Kloster Medingen, Bevensen 1928

Erbregister des Amtes Lüne von 1669, bear. von Vogelsang, Hermann, Hildesheim 1979

Gebhardi, Ludwig Albrecht, Kurze Geschichte des Klosters St. Michaelis Lüneburg, Celle 1858

Heinmüller, K., Heimatgeschichte für Ebstorf und Umgebung, Uelzen 1924

Homeyer, Joachim, (Hrsg.), Urkundenbuch des Klosters Medingen, Hannover 2000

Jarfe, Jürgen, Wulfstorf, Spuren 5, Bienenbüttel 2007

Kayser, Karl, Chronik des im hannoverschen Amte Medingen belegenen Kirchspiel Wichmannsburg, Hannover 1878

Kayser, Karl, Die reformatorischen Kirchenvisitationen in den welfischen Landen 1542 – 1544, Göttingen 1897

Koptik, Walter, Gemeindechronik Bienenbüttel, Bienenbüttel 1967

Laudan, Wilma, Grünhagen, Spuren 17, Bienenbüttel 2o14

Lehnert, Hans, Kirchengut und Reformation, Erlangen 1935

Mattaei, Georg, Die Einführung der Reformation in Lüneburg vor 400 Jahren, Lüneburg 1930

Meyer-Jelmstorf, Karl, Heimatkunde des Kreises Uelzen, Uelzen 1931

Peter, Elmar, Lüneburg, Lüneburg 1999

Ravens, Jürgen Peter, Vom Bardengau zum Landkreis Lüneburg, Lüneburg1969

Reinecke, Wilhelm, Geschichte der Stadt Lüneburg, Lüneburg 1977

Reinitzer, Heino, Biblia deutsch, Wolfenbüttel 1983

Reformation in Niedersachsen, Wolfenbütteler Schriften zum Lutherjahr 1983, Wolfenbüttel 1983

Reformation vor 450 Jahren, Lüneburg 1980

Runne, Holger, Urkunden des Mittelalters für Bienenbüttel und seine Ortsteile, Spuren 8, Bienenbüttel 2009

Runne, Holger, Geschichte der Amtsvogtei, Spuren 2, Bienenbüttel 2005

Schäfer, Walter, Eberhard von Holle, Bischof und Reformator, Verden 1967

Sehling, Emil, Die evangelischen Kirchenordnungen des XVI. Jahrhunderts, Tübingen1958

Schäffer, Paul, Die Schnitzaltäre des späten Mittelalters im Kreis Uelzen, Uelzen 1984

Uhlhorn, Gerhard, Urbanus Regius, Elberfeld 1861, Reprint Nieuwkoop 1968

Vogtherr, Thomas, Martin Luther, Herzog Ernst und die Reformation, Uelzen, 2017

Vogtherr, Hans-Jürgen, (Hrsg.), Herzog Ernst der Bekenner und seine Zeit, Uelzener Beiträge 14, Uelzen 1998

Wrede, Adolf, Die Einführung der Reformation im Lüneburgischen durch Ernst den Bekenner, Göttingen 1887

Die Kirchenordnungen

1. Artikel, darinne etlike mysbruke by den parren des förstendoms Lüneborg entdecket unde darjegen gude ordenynge angegeven werden mit bewysynge und vorklarynge der schrift.
1527.[1]

Dem dörchluchtigen hochgeboren försten unde heren, heren Ernst, hertogen tho Brunswyck unde Lüneborg, unsem gnedigen heren.

Gnade unde frede van Godde unde dem Vader unses Heren Jhesu Christi! Dorchlüchtige hochgeboren förste, gnedige here! Volgende artikel, yn gödtliker schrift gegründet, overgeve wy Juwen F[ürstlichen] G[naden] mit denstliker bede, J. F. G. eres christliken hogen vorstandes desülvigen mit flyte unde truwen erwegen, unde dar se warhaftig unde nodtörftig befunden, alsdenn tho gemenem der underdanen salicheit desülvigen den kerckheren unde selsorgeren förderlick wyllen don bevelen, der ynt erste tho gebruken, so lange se dorch gemene christlike ordenige vorbetert und vullenkomener gemaket werden, gnediger betrachtinge, dat de beswerliken unschiglickheide unde mennichfoldige unchristlicke mysbruke werdich syn unde förderen, desülvigen ungesümet yn allen gebörliken wegen affthodon, darmit an torne Goddes sehende, wetend unde wylligen men sick wyder nicht vorwerke, dem nach eins ydtlicken unvorstand unde vorsümenlasses düsses falles der ganzen gemenheit thor sünde gerekent unde myt gödtliker straffe wert vorgulden werden. Nu werden ungetwyffelt J. F. G. vor Godde sick schüldig erkennen, yn einer wolgeschickeden löfflyken landordeninge duth vor aff allen dingen högestes ernstes tho vorschaffen, dat de gebörlike warhaftige goddesehre ynt erste, negest dem överst rechtes unde der byllicheit ordeninge unde wege upgerichtet, gefördert unde gehandhavet werden, dat dergestalt yn der gemenheit rouwe unde enicheit lyfflick, frede unde froude geistlick mögen erholden werden. Tho dem werden J. F. G. nicht allene van tydtliken, sunder ock van der ehre edder unehre Goddes, van dyen edder vorderven der sele, so vele by J. F. G. des vorstand unde vormögen gewest, vor ere underdane dem almechtigen rekenschop möten geven. Vortrösten uns derhalven tho J. F. G. yn aller underdanicheit. J. F. G. werden uth bemelten unde anderen unvormydtliken orsaken dermaten yn berorte gebreke gnedigen ock ernstlick ynseen, dat der armen einfoldigen underdanen dardorch gereddet unde getröstet, de almechtige yn ewicheit des möge gelovet werden. Godt överst, de barmhertige, wylle J. F. G. myt wyder erkentenysse synes Christi erfüllen unde den kerckheren alse syner gebeimnisse husholderen Geist unde gnade vorlenen, de einfoldigen vorsammelinge myt beschedenheit unde geföglick tho underrichten, truwlick tho vormanen unde leren, dat se uth der düsternisse ynt lycht und yn de warheit gefört werden, ock eyn rechtschapen christlick levent Godde unde dem negesten mögen vorantworden. J. F. G. tho denen, erkennen wy uns schüldig Datum Zcell am 3. Julii anno 1527

J. F. G.

Underdenyge kapellane, gemene vorordente prediger tho Zcelle.

[1] Druckvorlage: Druck von 1527. Quart, 47 Bll., Expl. der Ministerialbibl. Celle, 5 Lb 155. — Die in der Druckvorlage am Rande stehenden

Bibelstellen sind im gegenwärtigen Druck jeweils unter Hinzufügung der Versangaben in runden Klammern in den Text gesetzt.

492

De erste artikel.

Dat ein ytlick kerckher syne kercken sülvest bewone.

Nademe dorch affwesent der kerckheren de schape Christi mennichfoldiger wyse nicht allene vorsümeliken unde untruweliken geweidet, sunder ock umme swarer unbilliker pension unde egens nuttes wyllen under gestalt gödtlikes wesens van der warheit övel vorfört werden, ys van nöden, dat ein ytlick kerckher persönlick residere.

Dusse artikel, wowol he yn sick klar ys, nademe eyn ytlick kerckher von nodt wegen by synen bevolen schapen tho wesende vorplichtet is, bewert ene doch Christus myth düsser gelikenysse (Johan. 10, 12): Eyn gudt herde settet syn levent vor syne schape. Ein medelink överst, wen de den wulf komen süth, so flücht he unde achtet der schape nicht. So nu mit düsser untruwe de medtlynge bewänt synt, ock de dachlike erfaringe medebringet, dat se nicht der schape beste, sunder dat ere söken, dartho ehne de rechten kerckheren dorch föderynge erer unbillyken pension orsake geven, mögen se yn nenem wege geleden werden, dewyle dorch de propheten, de kerckheren unde herden, dede gewinst unde egen geneth söken edder süs untruwelick handelen, hochlick unde schrecklick beschuldiget werden, spricht de Here (Esaie 55 = 56, 10 f): De wechters synt blynt, alle synt se unweten, se synt alle stumme hunde, de nicht bellen künnen, se seen ydelheit, slapen unde beleven de dröme, de unvorschemedesten hunde hebben nicht mögen gesediget werden unde hebben nychtes vorstaen künnen, alle hebben se na eren egen wegen geseen, eyn ytlick na der gericheit van synem orde, yn welckeren wörden klariyken vormerket wert de torn des Heren over de, de dem volke dorch unvorstand, vorsumenysse, untruwe unde gyricheit övel vorstaen, desgeliken Hieremie (Hiere. 2, 8; 10, 21 unde 33 = 23, 1 f) de vorsümenisse unde vorachtinge der schape mit we und swarer straffe

von dem Heren wert angetogen. Ock Michee secht de Here (Mich. 3, 11): Er översten hebben umme gave wyllen gerichtet, unde ere prester hebben umme lon geleret. Dyt secht de Here over de propheten, de myn volk vorfören, de mit eren tenen biten und den frede vorkündigen, unde so nemant wes yn eren mund gyfft, erheven se einen krig Unde wert dermaten Sophonie (Sopho. 3 = Zeph 3, 4), Hieremie (Hiere. 6, 13) unde an velen anderen örden de gyricheit der prester swarliken straffet. Ezechielis överst secht de Here (Eze. 33 = 34, 2 ff.): We den herden van Israel (dat ys mynes volkes), de sick sülvest hebben geweydet, plegen de schape nicht van den herden geweydet werden? Gy överst hebben de melck gegeten unde juw mit der wulle gekledet und welcker vet was, slachtede gy. Overst myne schape hebbe gy nicht geweydet, dat swacke hebbe gy nicht gesterket, dat kranke nicht gehelet, dat thobroken nicht gebunden, dat vorworpen nicht wedder gehalt, dat vorloren nicht wedder gesocht, sunder gy hebben mit strenge unde gewalt over se geherschoppet, unde nu synt myne schape vorströuwet, yndeme se nenen herden hebben, unde alle derte[2] hebben se gefreten.

Wat möchte nu jegen de medtlynge und affwesende rechte kerckheren, de bemelter wyse yn aller untruwe unde gyricheit mit den parlüden övel ummegän, schrecklikers gehört edder gesecht werden? Noch ermaent de Here Christus den hylgen Petrum nicht sunder orsake dremal (Johannis ultimo = Joh 21, 15 ff.), dat he de schape weyden schöle, dewyle he den Heren belevet. Gelick alse wolde Christus seggen: Sü Petre, du belevest mick, darumme lat myne schape düsser leve geneten, dat se mynenthalven van dy getrüweliken geweydet werden. Des de hillige Petrus sülvest wyder verklarynge gyfft, dar he secht (1. Petri 5, 2 ff.): Weydet de herde Christi, de under juw ys, unde vorheget se, nicht genödiget, sünder sülfwillig, nicht umme schedtlikes gewynstes willen, sünder uth thogenegetem

---

[2] = Getier, vgl. Schiller u. Lübben I, S. 508.

gemöte, nicht alse hersschoppers aver dat erve, sünder weset ein gudt vorbilde der herde, so werde gy, wen nu erschynen wert de erzeherde, de unvorgenkliken kronen entfangen.

So nu von den herden sülcke trüwe, flidt unde willicheyt wert gefördert, wil syck nicht teemen, ys ock Goddes worde unde allen rechten genzlick entjegen, eynem medtlynge de schape, so Christus mit synem blode verlöset, yn mutwillige varlickheyt unde vorderf aver to geven, dat syck underdes de rechten kerckheren eres affwesendes ane sorge unde arbeit der melck unde wulle, schyndens unde schavens schölen erfröuwen unde doch geschreven ys (2. Tessa. 3, 10): We nicht wil arbeiden, de schal ock nicht eten. Schölen alle rechte kerckheren na vermöge gödtlikes wordes, ock genanten geistliken rechtes ere kercken persönlick mit flyte unde trüwe tho bewonen van der overicheit gedwungen werden. Alse denne ock vele andere schrifte, so mit bemelten spröken stemmen, genögaftig uthwysen.

De ander artikel.

Wat dem volke schal gepredicket werden.

Dat ein ytlick kerckher yn der jegenwarde stedes unde sünder behelp residerende, synem bevolen parfolke dat evangelium lutter, reyne unde klar predicke, alse datsülvige van Christo synen jüngeren bevolen unde uns yn beyderley testamenten genochsam vorfatet unde nagelaten ys, fabulen unde ander unnütte wascherye vormeden, Christus allene unde de leve des negesten möge gepredicket werden.

Dusse ander artikel beslut, dat ein ytlick kerckhere, so he syne egene kercken besytt, nicht lere, wat eme gudt dünket, sünder wat eme tho leren von Godde ys bevolen unde ys yn der schrift genochsam gegründet, dar Christus synen jüngeren dat wort yn den mund deyt unde secht (Mar. 16, 15 f.): Gaet yn de ganzen werlt unde predicket dat evangelium allen creaturen. We gelövet unde gedofft wert, de wert salich werden. We överst nicht gelövet, de wert vor-

dömet werden. Item (Matthe. 38, 20): Leret se holden allent, wat ick juw bevoien hebbe (Luc. 23 — 24, 47).

Dat överst de kerckheren unde seisorgere nicht mögen leren, wat ene bedünket, edder wat de gewaenheit medebrynget, ys klar uth dem worde Goddes, dar he secht (1. Mose 4 = Dt 4, 2; 1 Mos. 12 = Dt 12, 32): Gy schölt ock nichtes dartho doen, wat ick juw gebede, unde schölt ock nichtes darvan doen, uppe dat gy beholden de gebode des Heren juwes Goddes, de ick ju gebede. Allent wat ick juw gebede, schöle gy allene holden, dat gy darna doen. Gy schölt nichtes darto noch darvan doen. Item (Prove. 30, 5 f.) alle wort Goddes synt dorchluttert und synt ein schild den, de up ene truwen. Do nichtes tho synen worden, dat he dy nicht en straffe unde werdest lögenhaftig gefunden. Dartho dörch den propheten Ezechiel (Ezech. 20, 18 f.) vorböt Godt dem volke unde secht, dat se yn den seden erer veder nicht wanderen, ere gerichte nicht holden, ock mit eren affgöden nicht schölen vorunreyniget werden. Ick byn de Here, juwe Godt, wandert yn mynen geboden, holdet myne gerichte unde vullenbringet se.

Vorder gyfft Paulus allene der hilligen schrift de eere (2. Timo. 3, 16), dat alle schrift, van Godde yngegeven, is nütte thor lere, thor straffe, thor beteringe, thor tüchtinge yn der gerechticheit. Tho den Galateren (Gala 1, 8 f.) överst vorwerpet he alle lere, de dem evangelio nicht gelickformich is, öfft se uns ock ein engel van hemmel vorkündigede. Uth welckeren spröken apenbar is, dat allene de schrift schal unde moth gepredicket werden, de van Godde yngegeven is, de men canonicas nömet, welcker yn der biblien doch yn underscheden werden vorfatet. Dede ock nicht anders leren, wenn dat düsse Jhesus sy Christus, unde wo de negeste tho beleven. Hir wert syck nu ein getruwer lerer unde husholder Goddes wol weten tho holden, dat alle andere rede, so tho vorklaringe bemelter schrifte denen, nicht egene gudtdünkendes, sünder na dem snor dersulven schrift vorsichtigen unde truwelicken gerichtet unde vorhandelt werden.

494

De drudde artikel.

Wo me sick jegen ungeschyckede, vorsümige edder kranke kerckheren holden schal.

Uppe dat överst ein ytlick synes amptes trüweliken warneme, den vorsümigen billicke straffe, den ungeschickeden ere mate upgelecht, den kranken unde anderen erer notröft unde gebreke bedacht werden, is van nöden, dat nein kerckhere ewich tho blivende gesettet, confirmert edder bestediget werde, sünder so verne he syck redelyken holt, dat ock na erförderinge bemelter ynfelle, de gemenheit sampt todaet der overicheit hirynne tho handelen, ordenen, setten unde entsetten macht bebolde.

Dussen artikel, so vele de vorsümigen unde ungeschickeden belanget, bewert Christus (Math. 5, 13), dar he de predickers dem solte vorgelikent. Wor nu dat solt dum edder doff wert, is ydt nergen mer nütte tho, sünder dat me ydt wech werpe unde mit vöten trede. Nu fördert de hilge Paulus yn einem bisschoppe edder kerckheren nafolgende dögent unde schicklickheyt (1. Timo. 3, 2 ff.; Titon 1, 7 ff.): Ein bisschop (secht he) schal unstrafflick wesen, men eines wyves man, nöchteren, tüchtich, sedich[3], gastfryg, lerhaftig, nicht wynsüchtig, nicht betsich[4], nicht schendlikes gewynstes begerich, sünderen gelynde, nicht haderich, nicht gyrich, de synem egen huse wol vörsta, de gehorsame kinder hebbe, mit aller redelickheyt. Yn summa fordert Paulus yn bemeltem kerckheren de meticheit, gave unde schicklickheyt, dat he dem lasterer ock nicht ynt ördel falle. To deme, dat he mechtich sy wedder alle falsche lerer tho streven. Ock syn bevolen parfolk des levendes ein vörbylde und exempel an eme hebbe. Alse he sick sülvest römet (Philip. 3, 17): Volget my (sprickt he), leven bröder, unde seet up de, de also wanderen, alse gy uns hebben tho einem vörbylde.

Dewyle denne ein exempel güdes levendes unde kreftige lere sampt anderen dögeden an einem kerckheren nödtliken gefördert werden und de vorsümygen darjegen am exempel, de ungeschickeden an de lere, de entfoldigen gemenheyt schedtliken ergeren, folget van nodt wegen, dat sodanen de parren nicht tho laten, noch tho bevehlen synt. Dar me nu, wo berört, sulckes betrachten unde hyryn seen wörde, worden de parkercken nicht umme gunst, gelt, gave, früntschop tho vorsümynge unde schaden der selen vorlenth werden, wörde ock den stalknechten, mulwarderen und anderen curtisanen, ock den, de sick uth anderen orsaken wente hertho yn de kercken gedrungen, sodane mutwillige thonödinge vorhyndert, wörde ock hirmede dem bevele Christi (Math. 7, 15; unde 24, 5. 11. 24) unde Pauli (Acto. 20, 29) gefolget, de uns vor sulcken wülven under schapesklederen gans trüweliken warnen. Nu mach doch einem ytliken rechtsynnigen we doen unde jameren, dat me wente an düsse tydt anseen moth den leydigen gyr aller falschen herden, welcker under vormeintem rechten titel nichtes anders, wen merklick gelt unde schendliken gewynst söken unde nicht allene tho dem parampte undüchtig, sunder ock undüchtigen, ungelerden unde thom dele lesterhaftigen hurparneren[5] de kercken uthgedaen hebben, allene dat de rechten vormeinten kerckheren gelt kregen unde de hürparner erer ungeschicklicheit, unardiges levendes edder desgeliken under bevele unde namen erer rechten kerckheren syck behelpen mochten.

Endlick warnet uns de hillige Paulus vor sölcken (Roma. 16, 17 f.): Ick ermane juw (sprickt he), leven bröder, dat gy upseent hebben uppe de, de unenycheit unde ergernisse beneven der lere, de gy gelert hebben, anrichten, unde wyket van ene, wente sülcke denen dem Heren Christo nicht, sunder erem buke unde dorch söte predickye unde grote wort vorvören se de unschüldigen herte. Daruth klarlick tho vormerken, dat de, so syck unschicklick holden edder yn bemelten stücken strafflick befunden werden, des kerckheren amptes bylliken schölen entsettet

---

[3] — sittig, züchtig
[4] — bissig.

[5] — geheuerten, gemieteten Pfarrern

werden, unde wowol de schrift dergeliken spröke vul ys, gehört doch ock hirher, wes ym ersten artikel uth der schrift ys angetogen und wy hebben den lyffliken schaden etiker mate gerört. Wat överst goddeslasteringe unde den armen selen unheyls daruth entspringet, were schrecklick tho hören, alse doch uth dem 23 capitel Mathei tho vormerken ys

Dat me överst den, de dem kerckherenampte eine tidtlank trüweliken vorgestaen unde dorch gödtliken wyllen gekrenket worden, ere notröft unde vorsorginge vorschaffe, erfordet de christlike leve, nadem de dermaten gekrenket worden, yn stede der armen schölen geachtet werden, wowol se gedanes arbeydes unde flytes halven der hülpe, dankes unde eere werdig synt. Wente so Godt gans ernstliken geboden hefft (1. Timo. 5. 16. 2. Mo. 22. 21 — 26; 5. Mo. 15. 1 — 18, Mat 19, 21; Lu. 6. 30. 36. 38; 13 = 14. 12 ff.), dat ein ytlick yn sunderheit de armen unde kranken vorsörge, tho hus vöre unde erer warneme, wo vele mer is eine ganze gemenheit vorplichtet, de armen unde kranken, de er tho vörne ym gödtliken worde gedenet, mit notröftiger entholdige trüweliken to vorsörgen.

De verde artikel.

Van vorsorgynge der parre unde kerckendeneren.

Dewyle ock dorch ummestende, so syck düsser tydt thodragen, de parrochien tho merem dele an erem ynkomen also vorryngert synt, dat sick ock ein kerckhere sampt anderen kerckendeneren darvan mit nichte mach entholden, unde doch dorch geistlike denstbaricheit yn gödtliken worde bekümmert, tydtlike neringe tho söken wert vorhindert, is van nöden, dat eine ytlike gemenheit dorch ynseent der overicheit unholden unde eine ordeninge unde vorsörginge upgerichtet werde, darvan syck ein kerckhere sampt den deneren eerliken unde redeliken möge entholden.

Dussen artikel bestediget Christus (Matth. 10. 8 ff; Luce 10. 7), dar he syne jüngeren der dach-

liken nodtröft unde neringe vorsekert unde na velen wörden entlick beslut, dat ein arbeyder synes lons werdig ys. Welcker wort Christi Paulus wyder uthlecht unde secht (1. Cor. 9, 4. 7 — 11): Hebbe wy nicht macht tho eten unde to drinken? Unde kort darna: We reyset altidt up synen egen sold? We plantet einen wynberg und ytt nicht syner früchte? Edder we weydet eine herde schape unde ytt nicht van der melck der herde? Rede ick överst datsülve up mynschen wyse? Secht nicht sodanes ock dat gesette? Wente ym gesette Mosi steyt geschreven [Dt 25. 4]: Du schalt dem ossen nicht de mund vorstoppen, de dar dörscket. Sörget Godt vor de ossen? Edder secht he nicht alle dynk umme unsentwyllen? Wente ydt is jo alle umme unsentwyllen geschreven. Wente de dar plöget, de schal up höpeninge plögen. Unde de dar dorscket, de schal up höpeninge dörscken, dat he gennes höpeninge delhaftig werde. So wy juw dat geistlike hebben geseyet, is ydt ein grot dink, öfft wy juwe fleyscklike erven?

Geliker menynge redet he ock tho den Römeren (Roma. 15. 27): So se den heyden ere geystliken dynge medegedelet hebben, ysset byllick, dat de heyden ene eere fleysckliken dinge ock mededelen. Unde tho Thimoth. (1. Timo. 5. 18): Ein ytlick arbeyder ys synes lones werdig. Ynt leste tho den Galat. (Gala. 6. 6): De underrichtet wert mit deme worde, de dele mede allerley gudt deme, de en underrichtet. Bemelte spröke vormögen gründlick unde apenbar, dat eine gemenheyt vorplichtet ys, notröftige neringe tho schaffen dengennen, de er ym worde Goddes unde christliker lere trüweliken vörstaen. Alse den ock van anfange der christliken kercken by brukynge gewest ys, sünderliken darümme, dat se den goddesdenst unde predickeampt ane gebreck unde bekümmerynge tidtliker nerynge ock mit wertliken sorgen unvorhyndert, so vele deste beter waren unde entrychten mögen. Dat ock alle orsake der lasterliken gyricheit möge affgesneden werden, dewyle ein ytlick haven sodane vorsorgynge nichtes hedde tho forderen.

De völfte artikel.

Dat ein kerckher ane den vertyde-
pennyng nichtes hebbe tho for-
derende.

Wenn överst ein kerckher dermaten mit den kerckendeneren mit temelyker unde eerlicker ent-holdynge vorsorget, alsdenne schal he van ne-mande nichtes forderen, noch van döpende, noch van berichtende der sacramente, noch van je-nigem anderen selegerede, ydt sy thodracht edder offer, ane dat he den vertydepenning [6] uth gemener bewyllinge byllick hebbe tho for-deren.

Dusse artikel entspringet uth dem vörsten, be-hövet wyder nener schrift, wert darumme ange-togen unde vor nödtlick geachtet, dat de erger-nisse, dar me van den sacramenten gelt fordert, alse köffte me se, wechgedaen werde, dat ock den geweret werde, de yn allen wegen, ydt sy christlick edder unchristlick, erer notroft edder gyricheit geltstricke leggen. Wente ydt jo klar am dage ys, dat ein arm parvolk van dem meyster dele der kerckheren mit forderynge des selegeredes thodragendes unde offers, alse scholde darmede den seelen ym vegefüre gehül-pen werden, övel jegen Godt unde alle byllick-heit lange tydt her avermate beswert ys unde bedrogen.

De söste artikel.

Van dem elyken stande der genanten
geystliken.

Dewyle ock untellicke grote sünde unde laster wedder Goddes gebot unde dorch allerleie vor-borgen unreinicheit edder süs openbare horerye der genanten geistliken tho groter ergernisse ge-menes volks unde hinderinge gödtlikes wordes begaen werden, fordert de nodtörft unde Goddes eere der ein affstellinge solcker horerye, vord-aen küschlick tho levende, edder weme solcke gave van Godde nicht gegeven, syck mit der, so by eme gewonth, edder mit einer anderen na christliker ordeninge ym eliken levende tho vor-enygen, dat dusser gestalt ym ganzen försten-domme nemand, de syck mit eyner horen be-henget edder apenbare horerye dryve, gefunden werde, darmede Goddes wort alse wenteher nicht vordan gelestert unde de schuldigen per-sonen tho der vordömenisse seendes unde wylli-gen nicht vorforth werden.

Dusse artikel, so men ene recht beweget, for-dert, dat nicht allene de ergernisse wechthone-men, sunder ock den schuldigen personen ere vordömenysse tho weren thom alleruteristen unde högesten nodt ys, wente so me de erger-nysse ansüth, befyndt syck, dat de bösheyt, so uth der unvorschemden horerye yn der chri-stenheit erstaen ys, nemand kan vorteilen, der-wegen ock de lerers, dewyle se sulvest strefflick der anderen laster ane er sulvest ordelent nicht konen straffen unde hören möthen: Worümme straffestu dy sülven nicht? Nym den huesbalken thom ersten uth dynem oghe etc. [Mt 7, 3 ff.]. Item arste dy thom ersten sülvest. Unde mach der gestalt de lere, wen se ock alrede recht und gudt were, by dem volke nene frucht brynghen, dewyle dat laster des lerers so vel böser ys, so veel he mer vor andern wert angeseen, unde moth denne Goddes wort unde warheit umme des lerers sunde vorlestert werden, welcker ser schrecklick ys.

Derhalven S. Paulus (1. Thimo. 4, 1 ff.; Thi-mo. 1?) nicht ane orsake solcken predickeren unde lereren, tho vorhöden ergernysse, den ee-stand hefft thogelaten unde alse düvels lerer unde predicker geschulden, de densulvigen we-ren unde vorbeden worden, he hefft wol gewust, dat reynicheit to holden nicht einem ytliken gegeven ys na dem worde Christi Matthei 19 [11 f.]. Darumme ock hoch van nöden gewesen, se nicht also gemene, alse leyder vor ogen, tho makende, överst wo ydt geraden is, mach me an der genanten geistlicken reinicheit wol seen. Godt (2. Mo. 20, 14; 5. Mos. 5, 18; 5. Mo. 23, 2) överst hefft den ebrock vorboden. Item dat nen hore, ock nen horer mank synem volke wesen schöle. So suth me under den geistliken, de doch meer wyllen, wen de leyen. Goddes volk wesen, de grötesten ebreker, de grötesten horers. Godt öpene uns tho unser salicheit unse ogen, dat wy unse unde der anderen bösheit mögen erkennen. Wente wy seen de schreckliken blyndheit der werlt, dat se wedder Goddes wyllen, wort unde warheit openbare horerye wol kan lyden. Överst Goddes ordeninge kan se nicht lyden, vorbüth unde straffet, wat Godt bevolen. unde let tho, wat Godt vorboden, wat is dyth anders, wen dat de bösheit, alse Christus secht (Mat. 24, 12), overhand hefft genomen. darjegen moth de warheit underliggen.

So wy denne wyllen Christen wesen unde uns na Goddes worden richten, regeren und holden, wert von noden syn, der sake ein ernstlick ynseent tho hebben, dat de prester, so mit horen beladen, umme der bemelten unde anderen groten ergernissen willen desulven van syck laten edder na christlicker ordeninge yn den estand sick vorenygen, uppe dat se uth dem uneerliken, unchristliken levende unde besmytteden kamer ein eerlick unde christelick levent, ock eine reyne kamer maken, na den wörden der epistel to den Ebreeren (Ebreo. 13, 4). Hyrher gehört dat 7. capitel der ersten epistelen tho den Corint. unde 1. Timo. 4. ock tho Titt. 1. cap., welcker wy bydden, umme Goddes wyllen mit flyte möge gelesen und truwelicken betracht werden.

De sovende artikel.

De klosterjunkfrouen belangende.

Alse ock jo so gar ane underscheyd nicht alene junge personen, sunder ock unmündige klene kynder, ewige küscheit tho holdende, yn klöster umbyllicken gestot edder thom ryngesten mit fruntlickem geberde und kyntlicken spelen unde gaven daryn gelocket werden, ane herwedderkoment darynne tho blyven sampt anderen besweringen, so ene jegen den bevel unde wort des Heren tho vordarve der selen upgelecht.

unde doch yn solcker ferlicheit tho unmögelliken dingen nemand schal gedwungen werden, erfordert de notorft unde alle byllickheit Goddes unde der mynschen eere, sodaner der kynder unschuld ym fruchten Goddes tho schonen, nemand sünder we tho synen bestendigen jaren fullenkomen mynschenolders gewassen, daryn tho staden, doch dermaten, dat se nenen ewigen gelüfften, dewyle de der salicheit ganz verlyck, vorbunden werden, sunder na christlicker fryheit unde löfflickem gebrucke vöriger etliken langen jaren ym kloster ane besweringe erer conscientien sick mögen entholden, edder wordt de notorft der salicheit unde ere erforderde, des denne de ordenspersone by sick erkentlicke wolgegrundede orsake dröge unde christlicken bescheid tho geven wuste, alsdenne dorch radt, fulborth [†] unde hülpe erer frunde unde truwen flyt eines prowestes thor voranderinge möge getrachtet werden.

Dusse artickel ys nicht allene not, sünder de allernötigeste, so me wyl der armen besweerden kynder gelegenheit unde not anseen, wente nichtes ys, dat unsen geloven jegen Godde unsem Heren den mynschen so apenbar maket, alse der klöster wesent unde regerynge. Hyr mach me seen, wo der mynschen herte jegen Godt gesynnet synt, nademe se de eddelen gave, van Godde uppe dat högeste begert, wedderumme van syck werpen, Godde syne ordeninge vorhynderen. dewyle se ere kynder nener anderen orsake yn de klöster geven, wen dat se erer los werden unde vortwyfelen an Goddes macht unde gewalt, he möge se gelyck anderen mynschen, ja anderen creaturen alle nicht erneren, alse weme Godt uth sunderlicker gnade vele kynder gyfft, dar süs andere früchte Godde unde dem negesten van komen na der ordeninge Goddes (1. Mos. 1, 28; 9, 1), welcke jo dessulven fleysches unde blodes synt, des de olderen, so varen se vorth unde under gudem schyne mit einem schalkhaftigen oge geven se ein, twe edder dre yn de klöster, uppe dat se mit den an-

---

† = Einverständnis. Zustimmung

deren so vele gröteren prall unde hovarth vor
der werlt vören. We hefft ene hyr Goddes wyl-
len unde rath apenbaret? dat de, welckere yn de
klöster gestot werden, nicht even so wol Godde
schollen früchte dragen, dartho se geschapen,
alse de, de se dar buten beholden. We hefft ene
ock apenbart, dat se van Godde mit der gave
der küscheit vor den anderen begavet synt? Hyr
lath uns de ogen updoen unde beschauwen den
grüwel, de van den ungelövigen, unsynnigen
olderen myt eren egene kynderen gedreven wert,
wen se yn erer unmündigen jogent myt kyni-
licken gaven yn de klöster gelocket werden un-
der dussem schyne, se schöllen Godde denen.
Meynstu, dat se nicht Godde denen, wen se yn
Goddes ordeninge kinder then, dar vörder kyn-
deskind van kumpt, mank welckeren, so ock
nicht sunder eyn salich wörde, hedden dennoch
Godde mer gedent, denn alle mönnecke unde
nunnen mit erem syngen unde lesen, des se sul-
ven vaken nicht vorstaen unde myt groter un-
lust edder wedderwyllen entrichten.

Hyr frage, du syst we du wyllest, dyn egen
herte und conscientien, öfft ock am jüngsten
dage de olderen, de ere kynder up berörter me-
ninge yn de klöster geven, bestaen mögen? na
dem male (so me dudesch darvan wyl reden) se
aller früchte, so van eren kynderen na Goddes
ordeninge herkomen scholden, schuldig synt, ock
nicht weyniger schuldig alse de, de de früchte
hemelycken ummebryngen. Wente nademe apen-
bar ys, dat se gelick den anderen früchte tho
dragen bequeme synt, wo vele werden denne yn
den klösteren wol ummebracht, darvan nicht to
schriven is? Und öfft wol rede de küscheit ge-
lavet ys, darmede ys Goddes ordenynge nicht
vorwandelt. Wente nemant mach de yngeplan-
teden angeboren natur vorwandelen, sunder Godt
allene. Darümme we den olderen, de erer egen
natur, eres egen fleyskes unde blodes vorgeten
unde bedenken nicht, wat se thor werlt gedra-
gen, offeren also noch ere egene kinder dem
affgodde Moloch (Levi 20. 2 ff.; Hiere. 32. 35;

Amos 5. 22?), nademe se laven, küscheit tho
holden, welcker doch yn erer gewalt nicht ys,
alse Christus sulvest betuget (Math. 19. 12), unde
Paulus (1. Timo. 5, 9. 14) wolde benedden 60 ja-
ren nene wedewen annemen, küscheyt tho hol-
den, sunder de jungen wedewen scholden wed-
der fryen unde kynder then. Wente weme Gott
de gave der küscheit nicht gyfft, de wert se
nümmer averkamen, wen he ock dusent löffte
dede unde mit yseren müren wente an den hem-
mel ummedaen, vorwart und vorsperth were.
Weme se Godt ock gyfft, de wert ock mydden
yn der werlt wol küsch leven, me bedörfte
dar nene slöte unde müren tho, sunderen gelyck
alse de anderen jungfrouen yn erer elderen huse
hebben jungfrouschop geholden, also wörde me
se myt gotlicker gnade ock holden. Jungfrou-
schopp tho holden bedarf me noch löffte, noch
klöster, noch kleder, sunder allene weme se
Godt gyfft, de hefft se. Darümme doen alle klö-
ster böslicken, dat se laven laten, welcker se
weten, dat se sulven, so as na eren conscientien
recht wyllen bekennen, noch nicht geholden heb-
ben. Wente ydt ys ein groth underschedt, junk-
frouwe tho wesen unde küsch wesen. Hyr besü
dat 5 cap. Math. Is umme des wyllen nütte unde
nodtorftig, dat me de klosterpersonen nicht mer
laven late.

So denne der geistliken grund yn dren dingen
steit, de se syck uppe dat allerhögeste berö-
men, alse gehorsam, küscheit unde armoth, ys
tho weten, dat dat wort gehorsam allene van
der underdenicheit Goddes vorstaen wert, deme
de mynsche allene schal gehorsam wesen (Acto
4. 19; 5. 29; 1. Reg. 15 = 1. Sam 15, 22). Darumme
ysset ein gudt dink: gehorsam, överst nemande
schal he schen wenn Godde unde dem se Godt
tho lesten [8] bevolen, welcker gehorsam der ge-
stalt ock Goddes gehorsam ys. So me syck överst
hyr uthtüth unde den nicht gehorsam ys, den
Got gehorsam tho lesten bevolen, so ys mynsch-
lick gehorsam ein ungehorsam Goddes unde wed-
der Goddes gebot, alse so syck ein dem abbete,

53

prior edder prioren na mynschlicken upsaten underwerpet unde synen olderen (de ene Godt tho eeren bevolen) ungehorsam edder ock uth der overicheit, de van Godde verordent ys, gehorsamme syck entüth, mach de mynsche dermaten wol vor der werlt vor einen gehorsamen angeseen werden, overst vor Godde wert he ungehorsam befunden unde ys solck syn gehorsam lutter sunde. Worumme, secht de Here (Mat. 15, 3), avertrede gy Goddes gebot umme juwer egen upsate wyllen? Vam armode desgeliken, me see, wat ryke dage se under dem namen des armodes besytten, fyndt me nicht anders denn eine glysnerye, unde were nen bur ym lande, he begerde der gestalt arme tho wesen, dat he gelyck alse se nicht dörfte sorgen, wat he morgen eten scholde

Darumme loven se armoth alse ein morman wyt tho wesen, wente so me grüntlick darvan wyl reden, worumme se ynt kloster ghan effte gegeven werden, ys nicht, dat se scholen arm wesen, wente des bekennen se, wo yd Godde behagede, buten klosters wol leven, sunder dat se bequemlicken unde vor allem anfalle schölen besorget wesen unde befrochten syck nicht allene armodes, sunder ungerne seen, dat ere kynder myt einem anderen, nedderen stande scholen voreliket werden edder ock mit deme vellichte undrepen, dar se alle beswernisse, wedderwerdicheit, nodt und ungelücke na gödtlikem wyllen mosten lyden. Dusse hovarth vorblendet erer vele, dusse angst byt den ungeloven, derwegen solcken besweringen vörthokomen, de tytlick synt, seen de blynden elderen unde merken eren leydigen ungeloven nicht, werpen ere kinder under einen erdichteden, falschen, gödtlosen schyn des goddesdenstes, beyde, yn tytlicke des lyves varlicheit unde tholesten de ewygen vordömenisse. Wen nu bynnen den klösteren armoth gesocht wert, worumme schüwet me den armoth hyr buten? Is ym grunde nicht anders, alse ein erlogen, falsch armoth. Von der küscheit ys darhaven genoch gesecht, dat dorch löffte unde beslutinge wert me nicht küsch, sunder dorch Goddes gave, wen lavent küsch makede, bedörfte me nener slöte unde müren. Overst wy synt vor-

blendet unde also vorblendet, dat wy mit open ogen nicht seen.

Darumme ys düsse besluth war, den nemant mach vorlöschen, dat, so me Godde loven wyl, dat he rede geboden, unde dat he allene gyfft unde geven moth, syck vorbynden tho holden uth egenen kreften nicht anders sy, wen ein dörlick doent unde schrecklicke affgodderye, wente dat Godt geboden hefft, schöle wy holden, darumme dat he ydt geboden hefft, edder so wy menen, wy wörden ydt styver unde harder holden, so wy dat loven unde sweren, so holde wy mer up uns sulvest als up Goddes gebot, mer up unse wort als up Goddes wort, welcker ein lutter affgodderye ys etc

De achte artikel.

Wo me syck ym vastende schal holden

Nademe ock vastent nütte unde gudt ys, den lycham tho temmen, jodoch nicht also to holdende, dat dorch underschedt der spyse an uthgetekeden dagen sunderlykes wes vordenet edder unhulde Goddes, so men ydt nicht helde, vorwerket wörde, sunder dewyle ydt Christus unde syne apostele, ock eine lange tydt darna de gemens christlicke kercke fryg gelaten, dat ein ytlick kerckhere nemande dwynge tho underschede der tydt edder spyse, sunder mer den wyllen Goddes se underrichte, dat ene solckes fryg gelaten tho etende ym namen des Heren, wat ene Got vorlenet, jodoch mit stedtlikem anholdende gödtlyckes wordes dem unvorstande unde frevel begegene, dat se nicht yn averfloth varen, sunder mer ein wyllich fastent unde metlich levent annemen.

Dusse artikel vorklert syck also, wowol de barmhertige Godt alle creaturen geschapen unde dem mynschen underworpen (1. Mos 1, 26. 28, 2, 15), dersulven na beschedenheit und nottorft, nicht na undeschedener, unardiger lust the gebruken (1. Thimo 4, 4), wert doch befunden, dat syck de mynschen na erer arth mit lust, leve unde averflode mer an de creaturen den an Godt hengen, als denne sus yn allen dingen und nicht thom geringen dele yn avermetigem eten

unde drynken edder sus yn mennichfoldiger uth-
gesochter lust der spyse gespörth wert, welcker
denne warhaftich ein affgodderie ys. darvan de
hyllige Paulus meldet (Philip. 3, 19), dat de buck
er Godt sy. Dewyle uns överst na uthwysinge
des ersten gebodes alle affgodderie vorboden,
wert ock de mysbrukynge der creaturen yn um-
bescheden eten unde drinken genzlicken vorbo-
den, tho deme ys ock klar genoch, dat ein
mynscke, wen he sat, vul unde vett ys. synes
Heren Goddes lichtliken vorgit (Ezech. 16, 15 ff.;
5. Mosi 32, 15 ff.).

Vorder gyfft ock de dachlicke erfaringe, dat
uth averflodigem umbeschedene eten unde dryn-
ken allerleye laster syck vororsaken. Darumme
de ewyge, gudige Godt ein ewich fastent yn der
schrift dorch unde dorch deyt bevelen. Hödet
juw, sprickt Christus (Luce 21, 34), dat juwe
herte nicht beswert werden mit freten unde su-
pen. Ock de hillige Paulus einem ytliken darto
fordert (Roma. 13, 12 ff.) dusser meninge, na-
deme wy dorch de barmherticheyt Goddes uth
der dürsternisse ynt lycht gebracht synt, hebben
wy de werke der düsternysse van nodt wegen
tho vorlaten, dat wy gelyck als am dage eerbar-
liken wanderen, nicht yn freten unde supen.
Wente de dar drinken und vul synt, de synt des
nachtes vul. Wy överst, de wy des dages, dat ys.
kynder des lychtes synt, scholen nöchteren we-
sen (1 Thessa. 4, 1—12; vgl. 5, 4 ff.). Daruth klar-
lick vormerket wert, dat ein ytlick Christen tho
stedtlyker meticheit unde ewygem dachlikem va-
stende ys vorbunden. Sodane vastent överst ys
nichtes anders, wen dat me syner sulvest ach-
tynge unde sorge hebbe, dat dem lychamme ba-
ven syn notorftige foder nichtes werde gege-
ven, unde wo me sick tho fleysckelicken begerten
unde lusten mer unde mer geneget fyndt, darna
dem lychamme am foder edder ock an der
spyse, darvan me tho solcken bösen lusten wert
gereyzet, mer unde mer mit beschedenheyt aff-
breke na dem exempel Pauli (1. Cor. 9, 24 ff.).

Baven dyth fyndt me ein vastent, dat ein
rechtschapen christlick gemöte nicht allene ne-
nen [?] averflodt mydet, sunder ock an der spyse
nenen sunderliken gefallen drecht, mer sick na

Christo lett verlangen unde na der wyse Pauli
(Philip. 1, 23) begert affthoscheiden unde by
Christo tho wesen, nademe syner sulvest be-
kummerynge der sunde halven, ock truwe flyt
unde sörge vor den negesten, tholest de verlycke
stand dusser werlt eme de lust der spyse bre-
ken, allene blote nottroft nemen laten unde der-
maten ein sülfwyllig vastent medebringen. dar-
uth ock wol affthonemen, dat sodane vastent
neen vordenstlick werk mach geachtet werden,
nademe ydt uth gebreke unde klage mennich-
foldiger unser unde unser negesten mangel ent-
springet unde nicht alse uth averflode und ane
nodt vor einen gotlicken denst mach vörgeno-
men werden. So me överst uth erwelinge, aver-
flode unde alse vordenstlick solck fastent an-
teen worde, moste me vor hören des Heren wort
dorch den propheten, dar he secht (Esaie 58,
5 ff.): Is dat de vaste, de ick uterkoren hebbe.
dat ein mynsche den dach aver syn levent py-
nige, syn hövet swymelich edder dul make. sick
mit einem sacke beklede unde ascken up sick
strouwe, hebbe ich denne dat eine vasten genö-
met unde einen angenemen dach des Heren? Is
dat nicht vele mer de vaste, de ick uterkoren
hebbe? Löse van ander de vorknuppinge des
godtlosen wesendes, löse up de beswerliken ban-
de, lath fryg alle, de tobroken synt, unde tho-
ryth alle besweringe. Bryck den hungergen dyn
brot, unde arme vorlatene mynschen vöre yn
dyn hus etc. Uth welckeren wörden wol tho
merken ys, dat Godt nicht ein fastent, alse wy
wente her gementh, up sunderlike tyde edder yn
vormydinge etliker spyse van uns fordert, sun-
der ein bekummert herte, welcker eme ein an-
geneme offer ys (Psalm. 51, 19), dat der sunde
los tho wesen unde Goddes gerechticheit be-
gerth, ock yn allen densten des negesten nacht
unde dach mit aller trüwe sick bekummert, so-
danes fordert Godt, unde wo mochte dat herte
dermaten geschicket mit jenigem averflode yn
eten unde drinken sick besweren. dewyle ydt
sick uth bemelten orsaken kume der tydt gunt,
de bloten nottroft tho nemen, so verne allene
des lichammes van not wegen moth waren, dat
he unvorwarloset tho denste des negesten yn

rechtem wesende blyve, ja der spyse eine tydt
genzlicken sick weygert, lytt hunger unde dörst,
alse yn Christo sulvest geseen wert (Joh. 4, 7),
wo he umme der mynschen bekummeringe unde
salicheit hungert unde dörstet, unde gelick alse
gonne ym olden testamente (Judi. 20 = Ri 20,26,
1. Reg. 31 = 1. Sam 31, 13), wen se sick jegen
Godt vorschuldet hadden, alse denne ere sunde
bekanden, wenden [4]a, gar nichtes eten, ja ock mit
aschen unde sacken er leyt betögeden, alse de
Christen, welcker er levent eine ewyge lyfflike
dröffenysse[9] ys, werden vaken gantze dage nich-
tes eten, wen se de wedderspenninge eres ly-
chammes to stünden, ock de notröft eres negers-
sten erkennen, alse des ym hilgen Paulo unde
anderen christgelövigen des nyen testamentes
klare exempel werden befunden (Acto 13, 2 f.;
unde 14, 23; 1. Cor 7, 5; 2. Cor. 6, 5).

Unde so wy mynschliker wyse darvan schol-
len reden, de yn wertlicken gescheften, se synt
byllick edder unbillick, ychtes tho erlangen be-
kümmert synt, laten sick vaken nicht der wyle
des brodes tho eten, nemen ock nicht (alse me
secht) beer darvor, lopen, rennen unde ryden
mit vorachtinge aller lust, so lange se eres vör-
nemendes einen ende bekomen Wo scholden
denne de, so rechte Christen syn wyllen, den so
merklick kamp, möye unde arbeyt vörgestellet,
so vorgeten unde lustbegerich wesen, dat se sick
mit eten unde drinken van solckem erem ar-
beyde janiger tydt ummeteen edder vorhynderen
laten? Gonne streven allene na einem tydtliken
vorgenklyken gude, dusse överst na eyner un-
vorwelkliken ewygen krone, överst alse weynich
Christen synt, ys ock weynich christlykes va-
stendes. Nu beslut Christus, unse Here (Luce 5,
34 f.), dat yn jegenwardicheit des brödegammes
der hochtydt kynder tho nenem vastende mögen
gebracht werden. Wen överst de brödegam wert
wechgenomen, denne werden se fasten. Offt he
seggen wolde, so lange ick hyr by ene up erd-
boddem byn, mögen se noch nicht troren edder
fasten. Wenn överst se na mynem affschede

dorch mynen Geist alles dynges berichtet wer-
den, wat se geworden unde wortho se gefordert
synt, tholesten, wenn se de roden yn de hand
unde ere krutze sulvest upnemen schollen. denne
wert ydt drepen. denne wert ene alle dusser
werlt lust vorachtet unde vorsmadet wesen, de
enigen sörge unde arbeyt werden allene se dry-
ven, erem bevolen ampte unde christlyken we-
sende yn allem wege genoch tho dönde, uppe dat
se des kampes, daryn se vor dem angesichte
Goddes unde der engele menlick tho stryden ge-
settet sint, einen eerliken, löfflyken ende ge-
wynnen So nu yn bemeltem christliken levende
nichtes anders ym grunde ys, denn ydel trüwe
unde leve tho dem negesten, ydel sörge, möye
unde arbeyt, ydel trorent unde wenent, ydel be-
gerent und vorlangent na Christo, welcker doch
alle dorch Christum unde syne erkentenisse vor-
lichtet, angeneme unde söte wert (Matth. 11,
29 f.), werden ungetwyvelt solcke christlike be-
kummerynge gar nen fretent unde supent tho-
laten, ja mer datsulvige lesteren unde vorfol-
gen, werden ock uth bewege bemelter vorplich-
tinge unde upliggender sorge, wen, wor unde wo
vaken des van nöden, ock dachliken vasten unde
alles dynges sick entholden, dat se ym denste
Christi unde des negesten trüwe gefunden wer-
den

Dusser gestalt unde meninge scholde me bil-
lick ym predicken alle Christen rechtes vasten-
des underrichten, welcker wenn ydt geschege,
were ane noth, gebode unde ban darup tho leg-
gen, dat se dorch fastent jegen den thokamende
vyrdach geschycket unde bequeme gemaket wor-
den, were ock nicht sörge, dat se sick, so verne
se Christen wesen wolden, yn eten unde dryn-
ken unbeschedtlick helden, wörde nicht ein va-
steldach dre fulle averflödige maltydt geven und
volgende teyn, twalve edder mer dage tho un-
metyger fullerye vororsaken. So men överst
des mit underrichtinge godtlickes wordes vam
volke nicht erlanget, ys vorloren, dat me mit ge-
boden unde dryngende sick understeit, se fraem

---

[4]a — weinten.

[9] — Betrübnis

edder der warheit gehorsam tho maken. Wente
so Moses dorch Goddes gebode nicht vormöchte,
dat volk Goddes fraem tho maken, wert vele
weniger dorch solcke mynschlicke gebode thor
salicheit ychtes gudes uthgerichtet werden. Dat
ys mit langem ynholde darümme angetogen, dat
me doch einmal lere, wat recht christlick fa-
stent sy, worher ydt sick vororsake, welcker so
me ym grunde der warheit recht tho herten
fört, wert unweddersprecklick unde klar befun-
den, dat de gebodenen banfasten up sunderlicke
dage ydel mynschenfund, unnütte unde vergeves
synt, nemande mögen edder schollen vorbinden.
Wente wowol Christus ock tho fastende vorma-
net (Math. 7 — 6, 16 ff.), wyl he doch nemande
an tydt unde spyse gebunden hebben, alse der
phariseyer arth ys, dat ock dat vorbot etlicker
spyse, alse hyrna genochsam uth der schrift
schal bewert werden, beswerlick, schedtlick und
unchristlick ys. Allene dyt wert begert, dat me
der ewigen, unvorruckeden warheit Goddes unde
syner schrift wylle gelöven, unde sy hyrmede
vam rechten christlicken vastende genoch ge-
secht.

Jegen dat vorbot der spyse.

Im anfange dusses artikels ys gesecht, dat
alle creature Goddes gudt synt, so me erer nicht
misbruket, na bewerynge der schrift, thovören
angetogen, daruth folget, dat eyer, botter, kese,
fleysck etc unde wat Got mit dankseggynge
tho etende geschapen, gudt ys, unde so me des
mit beschedenheit bruket, mach darynne nemand
sundigen noch vorunreyniget werden, alse Chri-
stus kreftigen bewert (Math. 15, 11 17 ff.; Marci
7, 15. 18 ff.): Wat tho dem munde yngeyt, vor-
unreyniget den mynschen nicht, sunder wat tho
dem munde uthgeyt, dat vorunreyniget den myn-
schen, alse böse gedanken, ebreckerye, horerye
unde deverye, mord, gyricheit, schalkheit, lyst,
unküscheyt, schalkesogen, goddeslesteringe, ho-
vart, dorheyt. Alse ock tho den Römeren Pau-
lus vormeldet (Roma. 13 — 14. 14. 17), so he

secht: Ick weth unde byns gewysse ym Heren
Jhesu, dat nichtes unreyne ys an em sulvest,
ane de ydt erkant vor unreyne. Wente dat ryke
Goddes ys nicht eten unde drinken, sunder ge-
rechticheit, frede unde freude ym hilligen Geyste.
Unde tho den Corin. (1 Cor. 8. 8): De spyse for-
dert uns vor Goddes nicht. Ete wy, so werde wy
darümme nicht beter wesen, ets wy nicht, so
werde wy darümme nicht weniger wesen.

Uth welcken spröken apenbar sick befyndt,
dat me nichtes vordenet, öfft me düsse edder
genne spyse mydet, nichtes sundiget, öfft me
dusse edder genne spyse yn der benedygginge des
Heren entfanget. Wente den reynen ys alle dink
reyne (Tit. 1, 15) unde scholde dergestalt na vor-
möge bemelter ewygen warheit fryg gelaten
wesen einem ytliken, wes eme Godt vorlenet
tho eten, ydt ys överst klar am dage, dat sick
de genante geystlicke overicheit dusser unbe-
wechlicken warheit des Heren leider nicht hefft
benögen laten, sunder uth errygem, valschem,
vorforischem geyste egens bedunkens up sunder-
licke dage ein vorbot fleysck, eyer, melck, kese
unde dergelyken gelecht, darmede de conscien-
tien jamerlicken gefangen, also dat ytlicke, dar
nen sunde ys, grote sunde gemaket, unde wed-
derümme, dar sunde ys, gar nene conscientien
edder sunde gemaket hebben, alse ock de
mynschlicke vornunft, de des geryngen unde uth-
wendigen warnympt unde dat grote unde yn-
wendige vorsümet, alle tydt gesynnet ys (Mat.
23. 4 ff.) Unde öfft gelick dat gebot recht were,
des me doch uth schriften, so kort hirna folgen,
gar nichtes gestendig, ys ydt doch dusser orsake
halven gans unbescheden, dat sick de ryken
und wolvormögen yn vyschwerke [10], guden dren-
ken und guden collatien upgelechtes vastendes
nicht hebben tho beklagen. Overst ein arm bör-
ger edder bur, de sodanes nicht mögen vergel-
den edder bekomen, werden boven er sure
schwedt unde arbeit, boven eren dachlicken up-
liggenden kummer, mit dem lesterliken vorbode
der spyse darhen gedrungen, dat se mit erem

[10] — Fisch.

gesynde, so se noch so vele hebben, kume ein
stücke heringes mit brode freten, densulvygen
herink noch ferne halen unde düre möten beta-
len, yndes der radtlicken spyse eres huses, so
Godt ene, den hunger darmede tho werende,
gnedigen vorlenth, nicht möten gebruken, so se
överst der brukeden, des hannes unde gödtlik-
ken vormeinten tornes sick scholden besorgen,
leggen also den mynschen sware börden up eren
nacken, welcker se sulven myt erem fynger nicht
anrören (Mat. 23, 4). Ys dyt nicht eine grote vor-
metenheit und goddeslesteringe, de blöden con-
scientien der armen gemenheyt so klegelicken fan-
gen unde bynden? Möchte ydt doch darvör ge-
achtet werden, alse hedden sick bemelte geist-
liken neven anderen etlicken unmylden tyran-
nen hoch unde dür vorlavet unde vorsworen,
dat gelick alse de tyrannen etlycker örde sunder
jenich vorschonent er armöde an lyve, gude
unde wolfarth unbarmhertygen besweren, alse
dusse geystlicken tyrannen bemeltes armodes
conscientien unde selen myt dusser unchrist-
lycken börden marteren unde plagen, dat se tho
erem kummer ock der spyse, de ene Godt gunth,
vorlenet und tho etende bevelt, uth unmildem,
unchristlickem erem vorbode nicht schollen ed-
der mögen geneten.

Tho deme ys ock unvorborgen de merklicke
farlickheit unde erbarmlicke schade, so men
nichmäl by swangeren unde anderen kranken
personen dusses vorbodes halven befunden, wel-
cke yn hochachtinge dusses ungegründeden vor-
bodes, er se der spyse, ene tho lyves entholdinge
denstlick, genöten, yn farlicheit de frucht, vorderf
ehres lyves sick hebben gelaten. Up gedachten men-
nichfoldigen jamer hefft de hyllige Paulus wol
thovorne geseen, darümme uns getruwlick unde
flytigen gewarnet vor den predickeren, de et-
licke spyse up bestemmede dage vorbeden wör-
den unde seggen. So gy an dem dage dusse ed-
der genne spyse eten, werde gy sundigen. Latet
juw (secht he Colos. 2, 16) nemand conscientien
maken aver spyse edder drank, wente so gy
myt Christo van den wertlicken settingen ge-
storven synt, wat late gy juw denne fangen mit
settingen? Unde uppe dat me jo nicht twyvelde,

504

dat sodane vorboth gar nichtes uth Godde were,
nömet he sodane vorbot düvelslere. De Geist
(sprickt he 1. Timot. 4, 1 ff.) secht düdtlick, dat
yn den lesten tyden etlicke werden van dem ge-
loven afftreden unde werden anhangen den erry-
gen geysten unde leren der düvel dorch de, so
yn glysnerye lögenreder sint unde brantmale yn
eren conscientien hebben unde vorbeden, elick
tho werden unde tho vormyden de spyse, de
Godt geschapen hefft, tho nemen mit danksseg-
gynge den gelövygen unde den, de de warheit
erkant hebben, wente alle creatur Goddes sint
gudt. Wat mochte nu klarer gesecht werden je-
gen de, so vörgeven, me scholle an dussem edder
gennem dage nen fleysck, eyer, botteren, melck
edder kese eten, unde sunde daruth maken? Pau-
lus hefft se jo recht wol gedropen, dar he so-
dane lere und vorbot nömet der lögener, der
yrrygen geyste unde düvelslere.

Daruth endlicken wol tho merken, dat einem
ytliken Christen nicht mach vorboden edder tho
sünden gerekent werden, dat me am Frygdage,
Sonnavende edder anderen geboden vasteldagen
nicht fleysck, eyer etc etc. Doch uthbescheden der
ergernisse, daran sick de swackgelövigen moch-
ten stöten (1. Cor. 9, 22), welcker me eine tydt-
lank moth vorschonen. Süs yn nenes mynschen
gewalt ys, wo hoch he jümmer sy, jegen Goddes
ewyge, unaverwyntlicke warheit unde hyllige
schrift hyrynne wes tho beden edder vorbeden,
nademe ydt an der salicheit nichtes fordert noch
hyndert, unde willen hyrmede dussen artikel
vullendet hebben.

De negende artikel.

De vyrdage belangende

Dewyle ock de feste geliker arth sint unde tho
vyrende na gödtliker schrift nemand schal edder
mach gedrungen werden, dat einem ytlicken
fryg sy na der notorft tho arbeyden, jodoch den
Söndach, darynne me Goddes wort höre, tho
vyren.

Dusse artikel vorkiert sick also: ym olden
testamente yn velen orden hefft Godt geboden,
den sövenden dach to vyren (3. Mosi 20 = Ex
20, 9 ff; 35 = Ex 35, 2; Ezech. 20, 12), nademe

he an demsulvygen dage van allen synen wer-
ken hefft gerouwet, desgeliken andere feste yn-
gesettet, dardorch dat volk Goddes gödtlıker
hülde unde gnade, so ene mennichfoldigen be-
wyset was, vormanet worde. Darumme ock de
Sabbate eyn teken twyschen Godde unde sy-
nem volke genömet werden, overst nicht dar-
umme yngesettet, dat se butenwendigen ewich
waren scholden (Ebreo 9, 8 ff.). Wente gelick
alse dat velfoldige offer der erstlingen, der teyn-
den, des blodes unde brandoffers, des döpendes
edder wasschendes mit aschen und water etc.
nichtes anders bedüdet, sunder dat dat bemelte
volk ym geloven des thogesechten messie geöveth
unde eines ewigen vordrachtes dorch getuche-
nysse des blotoffers vormanet unde yndechtich
wesen mochte, welcker denne, wen de erstgebo-
ren, rechte messias, unse Here Christus, de
rechte ewige prester, erschynen unde mit synem
egene blode yngaen, ock vorsönynge maken
wörde, van not wegen ein ende nemen mosten,
also ock dat butenwendige vyrent, dar me van
allem graven werke sick hefft entholden und
gerouwet, nichtes anders bedüdet, wen de rouwe,
darmede bemelte messias edder Christus syne
gelövigen gnedigen wörde begaven unde ewich
vorsorgen (1. Cor. 10, 3 f.), nicht van buten alse
dat volk des gesettes, welcker yn solcker rouwe
allene den schemen der thokamende güder ge-
hat, sunder van bynnen ym geiste und der se-
len, welcker de vullenkomesten warhaftigesten
güder synt, nicht allene up den sövenden dach,
sunder jümmer und jümmer ane uphörent, dat
dergestalt, alse Esaias lange thovören prophe-
tert (Esai. 66, 23), ein Sabbath uth dem anderen
queme, ein dach dem anderen gelick gerekent
unde eine ewige vyer by den Christen geholden
worde. Dusser gestalt wert dat rechte vyrent yn
der epistelen tho den Ebre (Ebre 4, 9 f.) vor-
handelt. Darumb (secht dar de text) wert dem
volke Goddes ein vyrent gelaten, wente de yn
syne (dat ys Goddes) rouwe gegån ys, de wert
ock van synen werken gerouwet hebben, gelick
alse Godt van synen werken hefft gerouwet.
Daruth wol affthonemende, dat ein ander Sab-
bath, ein ander rouwe, fest edder vyer van

Godde uthgetekent ys, alse de Jödden gentmal
geholden hebben, ys överst derwegen gönne Sab-
bath edder vyer hyrmede nicht vornichtiget,
sunder vorandert up eine beter vullenkomener
wyse gestellet, darmede gönt alse tydtlick upge-
hört. Dyt överst nu vordan ane eynige voran-
deringe vort unde vort wert möten blyven, alse
bemelte Esaias klerlick bewyset. Dyt vyrent ys
nu nicht anders wen ein rouwe van den fleysck-
licken lusten, begerten, sündigen werken unde
wyllen, dat wy van densulvygen uphören unde
affstaen, vorder den wyllen unde werke unses
Heren Goddes yn uns allene regeren laten, ly-
den unde dülden, unde gelyck alse Christus den
sünden ane sünde gestorven, ym grave gerou-
wet unde gevyret unde synen hemmelschen Va-
der aver sick hefft walden unde regeren laten,
also wy ock, den sunden yn den doet mit Christo
begraven, hyr nu stylle holden, rouwen unde
vyren, dat dergestalt nicht de sunde yn unsem
sterflicken lychamme, sunder Christus yn uns
regere. Alse sick denne ock Paulus römet, dar
he secht (Gala. 2, 20): Ick leve, överst nicht ick,
sunder Christus levet yn my, dat levent överst,
dat ick nu ym fleyscke leve, leve ick dorch den
geloven des levendigen Goddessöns. Wente so wy
den sunden gestorven, begraven, yn den rechten
vyerdach unde rouwe getreden sint, wo mochten
wy denne yn densulven sunden noch vordan le-
ven, arbeiden edder werken, arbeiden ys nicht
rouwen. Rouwe wy denne den sunden, so vyren
wy. Vyren överst nicht einen dussen edder gen-
nen dach, sunder de ganzen tydt unses levendes.
Dyt ys nu de vorlöchynge unser sulvest, uphe-
vinge unses krützes, affstervynge des olden,
sündigen mynschen unde ein weddergebort des
nyen, des wy yn der döpe eine anwysinge unde
teken entfangen (Ephe. 4, 22 ff.; Colos. 3, 3 f.;
Johan. 3, 5 ff.). Yn summa ein ewige rouwe unde
afflatent van sunden unde geystlick ynwendig
vyrent, darvan to den Römeren (Roma. 5, 1 ff.;
unde 6, 3 ff.) wyth unde breth ys geschreven
unde sy van dem rechten christlicken vyrende
genochsam yn der körte gesecht.

So nu klar ys uth bemelten wörden unde or-
saken, dat alle butenwendige vyer dorch den

lycham Christi vorfullet unde wechgedaen, wed-
derumme ein geistlick ynwendich vyrent, alse
gesecht, upgerichtet ya, wert ein ytlick lycht-
lick tho ermeten mynschen jenych gewalt edder
bevell gelaten ys, hyrjegen ychtes wes wedder
upthosetten, gebeden edder vorboden, ydt were
denne, dat wy yn allen dyn-
gen Christum reformeren edder ydt beter, alse
de apostele unde nafolgende christlicke kercke
gewüst, weten unde aver al den hilligen Geist
wolden meysteren, unde mit wat schrift edder
grunde gödtlickes wordes hefft me doch jenich
fest uprichten edder tho vyren, ock by banne,
gebeden mögen, dat wedderspyl fyndt me wol,
dat ydt genzlyken vorboden, hefft me doch hyr
avermals den armen conscientien ein stryck an
den hals geworpen, ene dar sünde gemaket, dar
nene ys, unde folget dergestalt eine beswerynge
der anderen, eine geystlicke tyrannye aver de
anderen So doch de apostele de gelövygen nicht
besweren wolden mit den bürden des gesettes,
dat wy des schadens, darvan Paulus yn gescheft-
ten der apostel meldet (Acta. 15, 10), nicht um-
billicken leyde drage mögen Dar werden (secht
he Acto. 20, 29) na mynem affschede fretische[11]
wülve tho juw komen, de des vehes nicht wer-
den schonen, wolde Godt, dat me hyr na war-
nynge des hylligen Pauli flytigen gewaket, upge-
seen, der samlinge, so Christus mit synem blode
vorlöset, truwelicken warnamen hedde. Wormede
overst schal se geweydet unde wolgewardet wer-
den? Nergen mede sunder mit dem worde Chri-
sti, yn welckem ere weyde, spyse, lust unde le-
vent allene ys, alse Christus betüget (Johan. 10,
4 f.), dat syne schape nemande folgen wen eme,
welcker wort allene de staff unde stock ys, dar
me den wülven mede weret So nu dat wort der
ein vorsümelick gehandelt edder mit anderer
mynschlicker upsate vorgyftet edder ock by sick
dal unde uth den handen gelecht wert, wat
kan darvor wesen, de schape werden also vorth
erre gaen, van der vorgyftygen weyde mynsch-
lickes thosettendes sterven unde vorderven, van

den slundigen wülven thoreten unde thospleten
werden

Nu besee me de meninge der feste Etlike
werden uth der orsake gehoiden, dat dorch köst-
lick, herlick kerckengeprenge Godt geeret unde
des volkes gemöte to Godde gereyzet werde. Et-
licke darumme, dat me der macht, den hylligen
(alse se seggen) vorlent, unde erer vörbede ge-
neten müge Etlicke, dat ene lyfflick ungelücke
dorch solcken vormeinten goddesdenst affge-
wendet werde. Etlicke umme anderer orsake
wyllen. Yn sampt överst synt se dermaten ange-
richtet unde geboden, alse scholden se wes tho
der salicheit forderen edder helpen. Wowol nu ein
ytlick yn sunderheit tho vorleggen nicht swar
were, darumme dat se sampt und alle ein böse
unde düster oge, ock gründlick unde strackes
Goddes ewygen worde entgegen sint, allene uth
feylsamer vornunft unde bedrechtlickem gudt-
dunkende der mynschen mit unvorwyntlickem
schaden der sele entsprungen, ja, ydel früchte
des ungeloven und derwegen sware sünde sint
(Rom. 14, 1 ff.), mochte doch ere ungrunt und
feyl, dat wy nichtes swarers seggen uth vöran-
getogenem geistlikem vyre, dartho wy dorch
Christum vorplichtet, lichtlick vormerket und
bygelecht werden, wente so wy vam Sabbath
unde allem butenwendygen lyfflicken vyre up
ein geystlick ynwendich vyrent unwedderspreck-
licken geförth und vorwyset sint, we scholde
uns gegen solcke gnade tho lyfflicken vyrende
wedderumme noch vormögen, so uns unse enige
heiland Christus mit synem duren blode hyr
gefryet? Welcker mynsche dörf sick vormeten,
durch gebot unde ban uns wedderumme tho
bynden?

Ydt geyt överst mit uns alse den Galateren
(Gala. 5, 1 ff.), de recht anhöven, wörden överst
mit den werken des gesettes vorwerret, also dat
se Paulus ock höchlicken bedrouwet, yndeme se
van der gnade vellen unde dorch dat gesette
fraem und salich vormenden tho werden, geist-
lyck anhöven unde fleyschlick fullentögen. Hefft

---

11 = gefräßige

uns derhalven bemelte hylge Paulus vor solcken
vormeten errigen geysten ym exempel der Ga-
later, de he darumme heftich straffet, ganz ge-
truwelick gewarnet, dar he secht (Gala. 4, 9 ff.):
Dewyle gy Godt nu erkent hebben. Ja velemer
van Godde erkant synt, wo wende gy juw denne
wedderümme tho den swacken unde dorftigen
settingen, welcken gy van nyes an wyllen de-
nen? Gy holden dage unde maente [12], feste und
jartyde. Ick früchte juwer, dat ick nicht vel-
lichte ummesus an ju hebbe arbeidet. Hört me
doch, dat Paulus de Galater darümme, dat so de
feste tho der salicheit nötlick achteden, swer-
licken beschüldiget, unde so se sick an de feste
leggen, besorget he, dat syn arbeyt an ene vor-
loren sy. So he överst tho dusser tydt den unge-
gründeden gebruck unde falsche vortruwent up
de feste unde dergelyken grüwel seen wörde,
wörde he sick nicht allene des vorloren arbey-
des besorgen, dewyle wy de gnade Christi mit
mennichfoldigen solcken mysbrüken der feste
gans verwerpen, sunder uns ock vor nene Chri-
sten kennen. Darümme he ock de Colosser un-
derrichtet unde sterket uns thom besten gegen
de, so uns tho den vyrdagen vorbynden edder
de thor salicheit nötich maken wolden, dar he
secht (Coloss. 2, 16 f.): Latet juw nemande con-
scientien maken aver ein dels dagen, nömelick
den vyrdagen edder nyen maenten edder Sab-
bather, welcker ys de schede [13] van deme, dat
thokamende was, överst de korper sulvest ys yn
Christo. Dar nu Paulus de Christen ock mit den
geboden Goddes, so dorch Christum upgehaven,
nicht wyl vorbunden hebben, wovele mer wyl
he, dat me sick mynschengebode gar nichtes fan-
gen late. Dat me överst den Sondach unde an-
dere vörnemlicke feste van wegen godtlickes
wordes yn eeren und werden holde, erfodert alle
billicheit und unse notorft, den gelyck alse sun-
der lyfflicke spyse dusse korper nicht mach ge-
sunth wesen noch leven, also ock, so du nicht

dynen geyst unde sele mit dem godtlicken worde
nerest unde sterkest, werstu noch vormögent,
noch dögend, ja nen levent yn dick hebben.

Darümme de Sondach unde andere vyre dar-
tho bequeme van olders gesettet synt, dat me
darynne Goddes wort ordentlick höre unde mit
ynnigem geiste Godde ein gemene bett vördrage,
wenn överst sodanes geschen, einem ytliken na
synem geyste und notorft fryg gelaten werde,
des namiddages tho vyrende edder syne nerynge
na bevele unde gebode des Heren yn arbeyde
unde swete tho söken (Gene. 3, 19). Alse denne
ock lange tydt gewönlick unde sunderlicken tho
den tyden Hieronimi geholden ys, alse he sul-
vest ym Epitaphio Pauli [14] betüget, und so me
der Historien, tripartita [15] genant, wyl gelöven,
hefft me ock up Paschen und Pinxsten, wowol
desulvygen vor hövetfeste angeseen tho genner
tydt, nen gebot mögen leggen. So nu de hillige
gödtlicke schrift averal weret, vorbüt und straf-
fet de uthsettinge der dage, des butenwendigen
vyrendes, ock de nafolgende christlicke kercke
van solcken geboden festen nichtes weth unde
tho den tyden Hieronimi, alse gesecht, de Son-
dach tho notorft gödtlickes wordes unde geme-
nes bedes allene ys gebruket worden, worumme
wyl me uns wyder nödigen unde dringen to so
velen unnütten, schedtliken, leddigen unde fulen
dagen, darynne nicht allene de sele yn varlick-
heit gesettet, sunder ock tho velemalen lyff, eere
unde gudt schaden krycht. Wente ydt ys jo klar
am dage, dat tho neper tydt mer wert gesündi-
get unde Goddes vorgeten, alse yn den festdagen
yn allerley ydelheit, böverye, fulfreten unde su-
pen, unküscheit, drunkenheit, spyl, flöken, swe-
ren, haderen, mord unde doetslach, nareden,
schenden und godtlesteren, welcker alle de rech-
ten werke des fleysches (Gala. 5, 19 ff.), klege-
licke dynge, gegen Godt schrecklick synt. Wor
nu de gödtlicke schrift unde warheit uns nicht
bewegen, de festdage varen tho laten, weren

---

[12] = Monate
[13] = Schatten

[14] Epitaphium Paulae matris Ep. CVIII ad Eu-
stochium virginem, 19. bezw 20; MSL 22, 896
und CSEL 55, 335.
[15] Cassiodor, Historia tripartita, IX. 38; MSL 69,
1153 ff und CSEL 71, 557 ff

doch berörde unschicklicheit unde laster ge-
noch unde aver genoch orsake, mit ernstlickem
ynseende uppet erste desulvigen neddertholeg-
gen, dörf tholesten nemant gedenken, dat mit
sodanen vyren de Godde wol sy. Godt hefft de
feste der Jöden, darvan he doch bevel gegeven,
umme mysbrukynge wyllen nicht gedüldet, sun-
der ganz vorworpen. Wyllet (sprickt he Esa. 1.
13 f) mick hyrnamals nicht vorgeves offeren.
Juwe nyemaente [16], Sabbathe unde ander feste
werde ick nicht vordragen, juwe samlinge sint
unbillick, juwe kalende unde herlicken vyre hefft
myn sele gehatet, sint myck vordretlick gewor-
den etc. Gelykes ynholdes ock Esaie und ock
Hieremie desulvygen van Godde werden ganz
uthgeslagen (Jsaie 66, 3; Hiere. 6, 20; unde 7,
21 ff.) So nu Godt de gerechte by den Jöden
syner geboden feste grüwal unde schüwet hefft,
wo vele mer wert he der ydelen, unnutten,
schedlicken unser festen, darvan he edder syne
apostele unde folgende christlicke kercke nich-
tes geboden, ja ganz vorboden, gar nenen ge-
fallen, sunder groten gruwel dragen. Darumme
vorlene Godt gnade, dat solcke lesteringe God-
des, lyves unde der sele schaden, mit trüwen
unde ernste bewogen, van stund wech gedan
werde, unde wyllen hyrmede den söveden [17] ar-
tikel beslaten hebben.

De teynde artikel.
Van der hagelvyre.

Andere feste schollen alle affgedaen wesen,
sunderlicken de, der sick der gemene bursman
bruket, alse hylligen drachte, hagelvyre, kese
etent [18] edder wo solcke mögen genömet wer-
den, darynne nicht gerynge teken des ungelo-
vens gespörth werden.

Dusse artikel volget uth dem vörsten, wente
so genne vyrdage van wegen eres ungrundes
unde mennichfoldiger ergernisse nicht bestaen
mögen, werden dusse vele weniger und gar nich-
tes bestaen, dewyle se mit mennichfoldigem by-
loven, ummerydendes, krütze houwendes unde
anderen worden unde teken yn bömen unde
schedewegen [19] gegen Goddes erste gebot un-
christlicken vorhandelt werden.

De elfte artikel.
Van dem gemenen bede.

So överst gegenwordige notorft fruchte, wed-
ders edder anderer upliggenden saken halven
ein gemeine bett tho Godde up einen sunderli-
ken dach erforderde, denne sodane gebett ynt
gemene ym goddeshuse gesche mit vörgaender
vormanynge gödtlickes wordes, alse denne dat-
sulve de gelegenheit wert eschen [20].

---

[16] — Neumonde
[17] Druckfehler für „negenden"
[18] Zu dieser Stelle findet sich eine ausführliche
Erörterung bei H Pfannenschmid, Germani-
sche Erntefeste im heidn u christl. Cultus
usw 1878. S. 65 ff., 331 ff. „Drachte" — Um-
züge, Prozessionen, die in der Regel in der
Kreuzwoche (vgl S. 154. Anm 62), aber auch
zu anderer Zeit zur Erflehung des Ernte-
segens stattfanden. Zur Hagelfeier über-
haupt vgl S. 63, Anm. 15. — An dieser
Stelle kann „hagelvyre", anders als in der
Ueberschrift, auch „Hagelfeuer" bedeuten; das
Abbrennen von Feuern in der Meinung,
den Hagel damit abzuwenden, war eine ver-
breitete Sitte — Nicht sicher ist, ob das
„Käseessen" zur Hagelfeier in Beziehung steht.
„Käsewoche" war eine volkstümliche Bezeich-
nung für die Fastnachtswoche; möglicher-
weise fand das Fest des Käseessens am letz-
ten Sonnabend vor den Fasten statt Der

Käse galt — was offenbar auf heidnische
Vorstellungen zurückgeht — als Entsühnungs-
mittel — Vgl auch R. Andree, Braunschwei-
ger Volkskunde [2]. 1901. S. 359.
[19] Vielfach nahm man auch auf Pferden rei-
tend an der Flurprozession teil. Mitgeführt
wurden außer Kreuzen auch Heiligenbilder, die
man möglicherweise wie in vorchristlicher
Zeit in Bäumen aufhing. Sicher ist, daß sie
zur Abwehr des Hagels an Feldwegen auf-
gestellt wurden. So weit sie sichtbar waren,
sollten die bösen Geister angeblich keinen
Schaden anrichten können. — Scheidewege
galten als die Orte, an denen von Teufel u
Hexen Winde, Regen u. Hagel erzeugt wur-
den — Vgl H. Pfannenschmid, a. a. O. S
51 f.; H. Bächtold-Stäubli, Handwörterbücher z
dtsch. Volkskunde, Abt. 1, Aberglaube. Bd III.
1930 31. S. 1317; Bd. V, 1932 33. S. 529.
[20] — heischen. fordern

508

Nademe yn den vörigen artikelen unschick-
licke wyse vorboden, daynne dorch misgeloven
gegen Godt wert gehandelt, ys dargegen hyr ein
fruchtbar christlick und nötlick bevel gedaen,
yn gebreken unde allerleye nöden Godde mit
gemenem bede ym geloven anthoropen. Wente
sodanes uns allene unde nichtes anders gelaten
ys, dardorch wy des geögeden ungelückes (wen
Godt wolde) los werden edder ock de begerlicke
wolfarth an lyve unde sele na godtlickem wyllen
mögen bekomen, alse Christus sulvest secht (Math.
7. 7): Biddet, unde juw wert gegeven, kloppet
an, unde juw wert geöpent, unde forder (Mat-
thei 18, 19). So juwer ein edder twe eindrech-
tich werden, wes gy bydden, wert juw gege-
ven. Sodane gebett overst mach yn unde dorch
nemand gescheen, sunder dorch unsen Heren
Christum, yn welckes namen unde gunst, so
Godt tho eme drycht, wenn wy bidden, mach
uns thor godtselicheit unde anderer notorft nicht
geweygert werden, alse Christus spricket (Johan.
11. 42): Vader, ick hebbe gewüst, dat du mick
alletydt hörest. In dussem worde levet unde be-
steyt de gelövyge mynsche, süth sick nicht
umme na jenigen anderen creaturen, ane dat
he de börden synes negesten yn aller gedult
unde gemenschop mededrecht, farth tho mit
anderen gelövigen yn einem geiste gelick uth
eyner sele, Godt umme synen gödtliken wyllen
tho bydden. Lett överst Godde teil [21], mate,
stunde unde wyse, de beswerlickheit affthowen-
den edder wolfarth tho vorschaffen, ys tholesten
gewysse unde ane twyvel, Godt hebbe syn unde
der ganzen samlinge gebett gnedigen erbört
(Jaco. 1. 3 ff).

Dyt ys de kraft unde sterke gemenes bydden-
des, welcker wowol na der predickye nicht um-
billick unde nötlick schal geövet werden, so ys
doch yn den vörfallenden dachlicken nöden nich-
tes anders, ock nicht wyssers, darynne eine
christlicke gemenheit sick trösten unde enthol-
den möge. Darumme den predickeren allen erer
plicht na wyl gebören, tho bemeltem gemenem

bede dat volk mit allem ernste wysen. Alse
denne Paulus Timotheum leret (1. Timo. 2. 1 ff.):
So vormane ick nu (secht he), dat me vor allen
dyngen thom ersten bede do, vorbede unde dank-
segginge vor alle mynschen, vor de köninge unde
alle overicheit, uppe dat wy eyn rowlick, stylle
levent vören mögen yn aller godtselicheit unde
redelicheit, wente solckes ys gudt, dartho ock
angeneme vor Godde, unsem heilande, de dar
wyl, dat alle mynschen genesen unde tho der
erkentenysse der warheit kamen.

De twelfte artikel.

Van bodevarden, de me nömet besö-
kynge der hylligen stede

In nenem wege schal gestadet werden jenige
thosokinge edder tholop, dar me sick gegen de
bylde wegen edder sus trost unde reddynge uth
wedderwerdicheit by sunderlicken steden unde
bylden söken wörde. Ys derhalven not, sodane
bylden ganz bysyden tho doende.

Alse ym vörigen artikel unweddersprecklick
geslaten ys, dat Got alweldich dorch syn wort,
dat ys dorch Christum, gebeden (Mat 18, 19 f.),
umme des wyllen alle dink geschapen (Coloss.
2, 9 ff), ock gesuntheit, wolfarth, saltcheit unde
alle notorft dardorch van ewicheit tho ewicheit
gnedichlicken uthrichtet unde vordelet, alse ge-
schreven steyt (Psal. 32 Vulg. = Ps 33, 6): Ym
wörde des Heren synt de hemmele gemaket unde
ym Geyste synes mundes all ere krefte bevestet.
Unde avermal (Psal. 106 Vulg. = Ps 107, 20): He
hefft syn wort gesant unde se gehelet. Umme
des willen wert ein gelövich christenmynschen
yn nenem anderen dynge syne gegenwerdige
suntheit unde wolfarth vorwaren, edder wen se
vorloren synt, wedder erlangen mögen, sunder
yn dussem worde, nömelick yn Christo, welcker
nu nicht geseen edder an jenigem orde gesocht,
sunder dorch den geloven mit aller thovorsicht
und trüwe ym herten moth entholden werden,
alse Paulus betüget (Roma. 10, 6 ff), wente so
dat wort Godt unde Godt ein Geist ys, wert so-

---

[21] vermutlich = Ziel, vgl Schiller u. Lübben
    IV, S 521.

dane wort unde Geist gar nichtes an stede edder tyde mögen gebunden werden (Joha. 4, 21 ff.).

Daruth folget, dat de, so van Godde yn thovorsicht dusses edder gennes ordes by dussem edder gennem hylligen wes vormenen tho erlangen, also balde des gelovens gefeylet, yn sunde gefallen unde ere gebett kraftlos unde vorgeves gemaket hebben, offt se schone bekomen, darumme se gebeden hebben. Wente sodane gave der gesuntheit unde reddinge yn waters, vüres, unfalles, kryges unde anderen nöden even sowol den heiden, unde mer denn uns, bejegent synt na vormeldinge veler warhaftiger historien, de van den bösen dorch vorhenkenisse Goddes uth sadanen wunderen yn gröter blyntheit, meren schaden und vorderf der sele schrecklicken vorforth synt, alse Paulus an velen örden betüget (Roma. 1, 18 ff.; Ephe. 2, 2 ff.). Godt överst, de uns uth sodaner blintheit der heiden yn syn wunderbarlicke lycht barmhertichliken gefordert unde getogen, hefft uns ock dusses falles de engelschen gestalt des sathane, darynne wy schetlick bedrogen, openbart (1. Petri 2, 1 ff.; 2 Cor. 11, 13 ff.), dat wy nicht an sunderlicken steden, sunderlicken hylligen unde bylden, sunder ym worde des gelovens unde ym Geyste Christi sunder underscheit der stede, ane vortrüwent up de creature, trost, hülpe, wolfarth und alle gudt van Godde dorch Christum weten tho bekomen.

De stede wert affgeslagen, dar de samaritanische frouwe der stede halven mit Christo eine disputation maket (Joha. 4, 20 ff.) unde secht: Here, unse veder hebben up dussem berge angebedet. Gy överst seggen, dat bynnen Hierusalem sy de stede, dar me anbeden scholle. Antworde de Here: Wyff, löve my, de tydt wert komen, dat me den Vader noch hyr up dussem berge noch bynnen Hierusalem anbeden wert, unde vorth: De tydt kumpt unde ys alrede hyr, dat de warhaftigen anbeders den Vader anbeden werden ym Geyste unde yn der warheit. Unde sodane anbeders socht de Vader, de ene eeren unde anbeden. Godt ys ein Geyst, und de en anbeden, scholen ene ym Geyste unde yn der warheyt allene anbeden. Dat me överst de kraft gödtlickes werkes, wunders unde aller unser notorft nicht dorch de hylligen, sunder dorch Christum allene soken, begeren, forderen unde bydden schal, leret unde dwynget alle schrift, und yn summa, dat ganze vorborgen werk [11a] unde wesent unser vorlösinge ys jo nicht anders, wen ein ewich byddent Christi unses Heren vor syne gelövigen. Wente dartho ys he yn den hemmel stegen, dat he vor dem angesichte Goddes vor uns erschene, uns vorbede unde gnade brochte (Rom. 8, 34; 1. Joha. 2, 1 f.). Alse vortyden de presters des olden testamentes yn der düdynge up Christum vor dat volk hebben gebeden, van welcker vorbyddinge Christi unses ewigen presters merklicken unde gar schöne meldet de ganze epistel tho den Ebreeren (Ebreo 4, 14 ff.; unde 5, 1 ff.). So nu Christus unse heyland des ewigen högesten gudes, unser vorlösinge, belövet ys, worumme vortruwet me ene nicht ock de eere und wolfarth lyves unde gudes? Wedderumme dar me des schadens edder ock fruchtens des vormotlicken schaden anderswor unde van anderen den by Christo vorment los to werden, wert me em des ewigen gudes, alse dat he unse gnadenstol sy, nümmermer vortrüwen. Alse de Here secht (Luce 16, 10 f.): So gy in dussen geringen dingen untrüwe sint, dat grot unde ewich is, we wert ju des wortruwen?

Darumme under anderen grüwelen unde goddeslesteringen dyt nicht de ringesten sint, dat me yn blyntheit des ungelovens tho etlicken steden sick lavet, wegen [22] lett, offert, unde dat jo so lesterlick ys, van etlicken presteren umme genetes wyllen solck baalswerk unde affgodderye angeseen, gebillicket unde gefördert wert. Dargegen me grotes yvers [23] tho Godde unde ernstes moth bruken, also dat sodane bylden unde wegent genzlick wechgedaen, ock de tholop

---

[11]a n. R. mysterium.
[22] = weihen (?)

[23] = Eifers

overal vorboden werde. Wente so Ezechias ock de eren slangen, de dorch bevel Goddes upgerichtet, umbillicker eere halven nicht hefft geleden, sunder ganz tho pulver slagen, wert de not unde eere Goddes forderen, dat me ungesümet sodane bedrechlicke düvelsche woenheit, alse bemelt, ganz unde gar tho boddem stöte, dat ock nen vothspor edder jenych anwysinge darvan averblyve.

De drutteynde artikel.
Van afdoende der bedelye.

Alse ock bedelent mank den Christen vor Godde ein grüwel ys, unde unangeseen, dat solckes nicht allene de leyen, der ein del wol vormögen und thom aroeyde geschicket, sunder ock de genanten geystlicken ordenspersonen, der ein grot del unnütte des armen simpelen volkes entfoldicheit ym bedelen merklicken myssbruken unde jegen Godt se besweren, ys hoch van nöden, ock erfordert de billicheit hyrynne, des armodes nottorft tho redden, also dat alle bedelye affgedaen werde.

Godt hefft den Jöden, de van Paulo werden kinder der maget unde nicht der rechten husmoder genömet (Gala. 4. 22 ff.), geboden, dat se nenen armen mank sick scholden hebben, welcker gebot ock noch hütes dages de Jöden strenge holden, also dat den, de by enen vorarmen, de anderen alle möten tho hülpe komen (5. Mo. 15. 4. 7 ff.). Unde wy Christen, de wy van Paulo yn der benömten stede (Gala. 4. 26 ff.) kynder der rechten husmoder genömet werden unde besytters nicht des lyffliken, sunder des geystlicken Hierusalem unde salicheit, synt dorch falsche lere so wyth gefort, dat wy bedelent nicht allene lyden unde tholaten, sunder ock vor ein gudt werk holden unde angenamen hebben, so doch Paulus mit klaren worden spryckt unde alle fraeme Christen vormanet (Acto. 20, 33 ff.), dat he noch sulver, noch golt, noch kleder begerth, sunder mit synen henden syne notorft unde der, de mit eme gewesen hefft vorworven,

forder datsulve ene ock geleret, me möte also mit arbeyden de swacken annemen unde des Heren wordes andechtich wesen, de gesecht hefft, dat geven selyger sy alse nemen, unde de van Tessalonien vormanet (2. Tessa. 3. 6 ff.), dat se sick affthen van allen bröderen, de unordentlick wanderden, nicht na der ordeninge, de se van em entfangen hedden. Wente, spryckt he, gy weten, wo gy uns schölt nafolgen, nademe wy nicht unordentlick mank juw gewest hebben, ock dat brodt van nemande ummesüs genomen, sunder mit arbeyde und möye dach unde nacht gewerket, dat wy nemande mank juw beswerlick weren, nicht darumme, dat wy des nene macht hadden, sunder dat wy uns sulvest tho einem vörbylde geven, uns nathofolgende, unde do wy by juw weren, geböde wy juw solckes, dat de nicht arbeyden wyl, de schal ock nicht eten. Wente wy hören, dat etlicke mank juw unordentlick wanderen und arbeiden nichtes, sunder dryven vörwytzicheit. Solcken den bede wy unde vormanen se dorch den Heren Jhesum Christum, dat se myt styllem wesende arbeiden unde ere egen brodt eten.

Uth welcken wörden Pauli wol affthonemen ys, wo unbyllick und lesterlick ys mank den Christen dat schendlicke bedelent, vörnemelick van den personen, geystlick edder wertlick, de van Godde nicht gekrenket synt, tho dülden. Wente wo beswerlick dusse dem armode synt, ys einem ytliken wol bewust. Dewyle nicht de leyen allene, sunder de genanten geystliken dorch de hüse lopen mit söten, gesmuckeden worden unde demödygen schynhylligen geberde, de armen lüde umme dat ere bryngen, darmede se bylliker sick sulvest unde ere armen kynder erneren scholden, nicht einmal des jares, sunder alle weken unde schyr alle stunde, nu kese, nu botteren, nu eyer, nu korn, nu molt, nu solt, ja we mach dusse hemeliken schattinge [24] al vortellen, ane wat se denne noch yn den doethbedden bedelen. So Paulus nu noch ym levende were unde dusse bedelye sege, wörde he nicht seggen,

---

[24] Schatzung. vgl. Schiller u Lübben. IV, S 55.

dat se van Christo gebrûket edder bevolen, sunder alse ungehört uppet högeste düvelsch schelden unde vormaledyen.

Hyr swyge wy der schrecklicken affgödderye unde töverye, so van ene under sodaner bedelye mit segende, mit breven, mit characteren [25], mit nageven [26] unde huchelen, alse apenbar ys, geleret unde vorhenget wert, allene, dat se jo nicht leddich wedder tho kloster kamen, sunder vor eren bröderen dank vordenen. We der bedelye unde hyllicheit, de erem armen broder under einem erdychteden falschen schine dat brot uth dem munde ryt, de starke dem kranken, de ryke dem armen, de wolbesorget ys deme, de synes gudes unwysse unde over al notorftich ys. Darûmme hyr billick ynthoseende unde van den schendliken bedelers, se sint geistlick eder werltlick, de armot tho redden, uppe dat wy nicht den torne Goddes wyder up uns laden.

De verteynde artikel.

Van vorsorgynge der gebrecklicken, notorftigen unde kranken.

Uppe dat me överst der, so gebrecklick unde krank, unde ynt gemene der warhaftigen, elenden husarmen christlike acht hebbe, ys not eyner ordeninge, dardorch desulvygen an lyves notorft bequemeliken vorseen werden, also dat bedelens ene nicht van nöden sy.

Dewyle nu Godt by dem lyffliken volke, den Jöden, syner armen nicht vorgeten hefft, sunder myt ernste geboden, densulven handrekynge unde hülpe tho donde, scholle wy Christen, de wy kynder unde eyn fryg volk Goddes wesen wyllen, uns unser armen vele mer annemen, nademe uns van Christo bevolen, nicht allene unsen woldederen, sunder ock unsen vyenden unde öveldederen wol tho donde (Matth. 5. 42 ff.). So denne Christus spricket (Mat. 26. 11), dat by uns altydt arme lüde blyven werden, vorder (Mat. 25. 35 ff.), wat wy den armen doen, dat do wy eme, tho deme dat Godt uns allen nicht gelyke ryke-

dömme, gesuntheit, vornunft unde gnade thor nerynge geven hefft, wyl he, dat mank uns nicht anders den de bröderlike leve geövet unde den gebrecklicken unde anderen dörftigen rechten armen yn allem wege trost unde bequemelike nottorft christliken scholle vorschaffet werden, welcker dat ware teken der jüngeren Christi ys (Johan 5. 42 ff.). Darûmme wert hoch van nöden wesen, dat by einer ytliken gemenheit so vele mögelick loffwerdige personen vorordent worden, de der rechten armen acht hedden, alse vortyden, er dat godtlike wort unde leve verkoldet, ym bruke ys gewesen, wente dothomal dyaconi unde subdyaconi, up dudesch deners, dussen bevel unde sorge hebben gedragen, dat se under gemenem bede, de me collectas nömet, van der ganzen gemenheit spyse, drank unde gelt, wes des dargebracht, gesammelt unde den rechten, waren betekeden unde bekanden armen na erer notorft eynem ytliken uthgedelet hebben.

Uppe dat överst ordentlike wege vorgenamen unde dem armode geraden wörde, were not einer gemenen kysten, daryn ein ytlick na synem geyste unde vormögen geve, dartho de testamente, kalande [37] unde andere lene na affstervinge der besyttenden personen, ock wes tho dem vormenten goddesdenste wente her gebrüket, mochte gewendet unde dermaten der vorstorven leste wylle vorfullet werden. Dat ock bemelte vorordente vörwesende personen under der predickye, edder wen süs de christlicke gemenheit thohope queme, mit der armen büdel ummegyngen, gelyck alse nu yn anderen steden, de Goddes wort angenamen, wert befunden [37a], wowol nu berörte underrichtinge unde vorschenen ock yn etliken örden wedder upgerichtede wyse genochsam tho einer anhardynge [28] were, wert doch einem ytliken syn egen salicheit nötlike orsake geven, hyrynne nicht tho sümen, dewyle eme dyt söte jöck unde lychte börde Christi sunder jenige entschüldinge upgelecht ys. Wat gy wyllen, dat juw de mynschen doen,

[25] = mit geistlichen Zeichen der Weihe
[26] = Vergeben, Erlassen
[37] Vgl. S. 515, Anm 31 a

[37]a Vgl WA 12, S. 2 ff
[28] = Antrieb, Anreizung

512

scholien, dat doet ene ock, hyryune ys dat ganze
gesette unde de propheten (Math. 7, 12; Roma.
13, 8 ff.; Gala. 5, 14 f.; Mat. 22, 39 f.).

Nu ys openbar, wen wy yn armode, jamer
unde not weren, dat wy van ander lüden hülpe,
trost unde reddynge begerden. Darumme gehört
sick dargegen, unse herte unde hande van den
rechten, waren armen nicht tho vorsluten, sun-
der ene na allem vormöge tho hülpe to komen
(1. Johan. 3, 17; Jaco. 2, 15 f.; 2. Cor. 8, 14). Christus
wert ock am jüngesten dage nen dink harder
anthen alse den plichtigen denst an den armen
(Mat. 25, 35 ff.). Dar wert he noch kleth, noch
geistlicheit, noch botter, noch fleyschetent for-
deren, sunder he sy hungerich. naket, elende
gewesen, unde wy hebben ene nicht gespyset,
gekledet etc. Hyrher hört ock de historie des
ryken mannes unde des armen Lazari [Luk 16,
19—31]. Den ryken hebben syne rykedöme nicht
vordömet, sunder dat he dem armen Lazaro dar-
mede nicht tho hülpe quam. Darümme ys not,
de rechten armen ane jenich süment tho be-
denken, tho dersulvygen behoff, alse berört, eine
ordeninge upthorychten, uppe dat se dusser
christlicken hülpe by den Christen geneten. De
weligen [26]a bedelers ein ytlick na gelegenheit
yn syn land vorwyset werde, dat se dem armode
nicht hinderlick, beswerlick, noch vorfenglick
wesen.

De völfteynde artikel.
Von mysseholden.

Mysse tho holden umme eine vordingede edder
jarlyke besoldinge schal sick hyrnamals nemant
vorbynden öffte vorbynden laten, sunder de dar
beneven Goddes wort vorkündigen, welckere
nicht der mysse halven (dat nicht anders were
alse uth dem godtliken gnadenryken teken einen
schentlicken wynst maken), sunder darümme,
dat se am worde holden, alse ym verden artikel
vormeldet, tydtliker unde lyffliker neringe wer-
dig synt. Dat ock yn steden unde dörpen nen
mysse holden werde, yd sy denne, Goddes wort

darby geprediket werde, alse des Sondages wönt-
lick. Yn anderen dagen överst, wo dar nicht
communicanten vorhanden synt, sick, alse vor-
geschreven, der myssen entholde

Dusse artikel mach wol vorstaen werden, so
me ansüth thom ersten de vorklarynge des an-
deren artikels. Wente ein prester nicht darumme
prester ys, dat he myssen holde, sunder dat he
dem volke Goddes wort, dat evangelium, na dem
bevele Christi predycke (Mar. ulti. = Mk 16, 15),
ene ock den wech tho der salicheit lere, nicht
na mynschlyker upsate, sunder na der godtliken
schrift, wente so sprickt Got dorch den prophe-
ten (Mala. 2, 7), dat me uth des presters munde
Goddes gesette, Goddes wyllen forderen unde
hören scholle. Unde yn eynem anderen orde (5.
Mo. 17, 9 ff.), dat ein prester na Goddes worde
unde bevele dat volk underrichte. Unde Paulus
sprickt (1. Cor. 1, 17), dat en Christus nicht tho
döpende gesanth hebbe, sunder tho predicken.
To dem anderen, so me ansüth de ordeninge
Christi, wert der myssen ungrund lichtlick ge-
spört. Wente Christus unde syne jüngeren heb-
ben nicht na unser prester wyse myssen gehol-
den, ock nicht bevalen, se also tho holden, alse
apenbar ys, dat noch Christus noch syne jünge-
ren alleine vor sick gelick unsen presteren tho
dem dyscke gegaen edder vor sick alleine des sa-
cramentes hebben genaten, sunder alle, so vele
erer thosamende gewesen. Ys ock nicht van ene
na bestemmeder tydt, stunde edder stede gehol-
den, ock nicht tho holden bevalen, gelyck unsen
presteren, de vele mer to dem dyscke des He-
ren gaen uth dwange, uth gewaente unde genete
als uth hunger unde leffte, alse leyder apenba-
rer den gudt ys, unde datsulve denne noch vor
sick alleine ane medegenoten des sacramentes
bruken wedder den klaren text Pauli, dar he de
brukinge dusses sacramentes eine communien
nömet (1. Cor. 11 = 10, 16).

Tho deme de mysse schüth van unsen preste-
ren ane vorkündynge des evangelii, darümme se
doch meyst scholden geholden werden, alse me

---

[26]a = mutwilligen; vgl. Schiller u. Lübben V,
S. 663.

des noch ein vothspoer unde nalatent vormerkt yn den groten dömen, dat vortyden nen mysse geschen ys ane vorkündinge gödtlickes wordes. Darumme noch de dyacon edder evangelier van dem altar geyth, lecht dat boeck up ein pulmte, lyst mit luder stemmen gegen dem volke dat evangelium ungetwyvelt der ersten ynsettynge unde andacht, dat ein ytlick de wort des evangelii hören unde vernemen möchte. Nu overst wert solckes alles uth mysbruke to latine handelt unde hört dat folk den dön unde stemmen, överst de vorstant ys ene gans verborgen. Unses Heren Christi bevel ys gewesen, dar he de myssen ynsettede, dat solckes yn syne gedechtenysse schege (Luce 22, 19), wo mach överst jenige dechtenysse scheen, so de persone unde dat gönne, darümme solcke gedechtenisse schüth, dem entfoldigen hupen mit klaren worden nicht verkündiget werden? Wat hedde dem volke Israel nütte west, dat paschelam jarlykes to eten, wen nicht de godtlyke wisheit em dar beneven hedde bevalen, eren kynderen solckes etendes mundlyke berichtinge to geven unde to leren, wo se dorch de kreftigen wunder Goddes uth Egypten unde allem unglücke gereddet weren (2. Mos. 13, 8; 5. Mosi 6, 6 ff.)? Beyder wegen is de verkündinge geboden, dat wort by dem teken unde dat teken by dem worde. Vorder wo wert me sick vor den worden Pauli beschütten, dat, so vaken wy to dem discke des Heren gaen, den dot Christi schollen vorkündigen (1. Cor. 11, 26)? Hemelyken unde unverstendlyken reden heth nicht verkündygen. So nu de dot Christi yn der myssen schal verkündiget werden unde desulvige nergen, sunder mit synem gödtliken worde, prediken unde vormanende mach verkündiget werden, ys not, dat me darby predike edder tom ryngesten eine korte vormaninge do, ock de wort Christi vorstentliken unde apenbar handele, wor överst dat nicht scheen scholde, dat me alsdäne der myssen sick entholde. Dartoe dewyle de mysse nichtes anders ys wen ein emtfangent des hylligen waren lichammes unde

blodes unses Heren Christi (1. Cor. 11, 23 ff.), yn welckerem de christlike sammelynge des ordes, dar se tosamende kumpt, des lydendes unde erer vorlösinge denket, darvor Godde danket, tolesten dorch solcke teken vormanet wert, dat se ein lycham, ein brot unde ein kelck sy, van deswegen ein ytlick synen negesten scholle unde möge beleven, forderen, dülden, helpen, ock syn bloth vor en vorgeten. Dyt alle yn einer ytliken parre nicht allene des presters, nicht eines edder twyer, sunder der ganzen gemenheit unde sammelinge wesent, doent unde bedenkent sy, kan ein ytlick wol und lychtlick affnemen, dat nicht allene de prester, sunder der ein de ganze gemenheit, welker recht were, edder jo de, den Godt gnade vorlenet, thom weynigesten mit dem prester van des Heren dyscke schollen geneten.

Datsulve ys unses Heren Christi unde des hylligen Pauli an bemelten örden der schrift uthgedrückede, klare bevel, dem entgegen (alse ock Ciprianus secht [29]) neyn mynsche schal edder mach ychtes ordenen edder setten. Datsulve hefft ock de hyllige christlike kercke, alse noch yn etliken concilien tho seende ys, lange tydt geholden, nicht dat ein ytlick vor sick allene ein altar deckede, allene ete und drynken, vele weyniger, dat de prester den lycham Christi offeren edder dorch sodane werk vorgevynge der sunde, welker allene des gelovens ys, erlangen scholde. Wor nu nemand vorhanden ys, de na christlyker wyse, alse vorgesecht, den hilligen lycham unde bloth unses Heren yn syne gedechtenisse mede wyl entfangen, dat me alsdenne de myssen underwegen late unde darvor predicke. Wente de mysse jo nergen anders ynne gelegen ys, wen an gemenschop gödtlikes dysckes veler vorsammelden Christen, de an dat gemene bett, predickent unde vorkündigent gödtlikes wordes alse heylsam unde nütte gehöftet synt.

Dussem allem entgegen, unangeseen götliker ewyger ordenynge, ys schyr alle dink vorkerth. Wente me verkündiget nichtes, eder so me wes verkündiget, synt schyr ydel unnütte fabulen,

[29] Epist. LXIII ad Caelum, 14; MSL 4, 384 ff. und CSEL 3, 2, 712 f.

514

dartho brüket me ock (Godt geve wo) etliker falschen erdichteden ynnicheit unde bedrechlyken schynes, darmede vele personen sick sulvest unde andere verfuren, vele nicht anders den nerynge, gewynst unde eere söken, dat also nu lange tydt heer unde thom högesten yn dussen unsen dagen de entfoldige armoth unde byna alle andere stende dorch verförische gestalt unde mysbrukynge des eddelen testamentes unses Heren umme eere, wolfarth und selen salicheyt övel unde jamerlyken synt bedrogen. Wolde Godt, dat wy ym grunde mit ynwendigen ogen den wösten grüwel solcker myssen beseen unde erkennen mochten, wo schendlick unde vordömelick ein tydtlank her unde noch darby van velen gehandelt ys, wo me sunder flytige prövynge gegen den radt Pauli solcken hogen, düren schatt barmlyken övet unde hanteret, wente wor tydt, ordenynge, waenheit, gebot und sunderlycken wor styftynge edder gelt ys, dar ys de prövynge unde beredynge gar schöne. Umme Goddes wyllen affgedaen solcken kraem und bedregers werk! Umme Goddes wyllen ein ytlick christgelövich schone syner sulvest salicheit, schone Goddes unde synes Christi eere!

Hyr wyl nu vor allen dyngen einem trüwen dener Goddes unde kerckheren not wesen, gemenem parfolke den misbruck unde dargegen den rechten bruck der mysse myt predicken ganz truwelicken unde myt allem flyte tho leren, darvan ock yn der Handelynge gegen de Barvoten, so kort hyrvör uthgegaen [30], wyder und klarer van uns ys geschreven. Sunderlicken overst unde vor allen dingen dyt dem volke leren, dat wy dorch de lyfflicken entfangynge des sacramentes nycht gerechtverdiget, sunder dat sodane entfangynge eyn teken sy, dardorch wy tho lövende vormanet werden, wente alse dat anhörent godtlykes wordes yn de oren geit unde tho löven anreizt, also dat sacramente yn de ogen ga unde vormane uns godtlyker thosage, erwecke uns ock tho löven. Also nömet ock Augustinus [31] dyt sacramente ein sichtlick wort, welcker uns godtlyker hülde unde aller geistlicken güder vormane unde unsen loven sterke.

De sösteynde artikel.

Van vigilien, seelemyssen unde kalanden [31]a.

Vigilien, seelemyssen, kalande unde fraternitates Sancte Marie [31]b, Jacobi, Anne [31]c etc., darümme dat se Goddes worde strackes entgegen synt, schollen nenerley wyse geholden werden. Desgelyken de drüttigesten [32] unde jardage genzlick affgedaen wesen.

---

[30] „Handelyng twyschen den Barvoten tho Zcelle ynn Sassen und den verordenten Predigern darsulvest de Mysse belangen. Grundt und orsake worümb dorch Förstlyke overicheit bemelten Barvoten de gemeinschop des Volkes vorboden. Affschrifft der vorsegelden unchristliken vorschrivyng, ynn welcker de barvoten all ohre guden wercke den andern myldichlick uthdelen. Mit vorleggynge dersulven", eine Sammlung verschiedener Briefe, die anläßlich des Streites zwischen den Predigern und den Mönchen ausgegangen waren, gedruckt zu Anfang des Jahres 1527, vgl. A. Wrede, S. 4, Anm. 4, zum Streit S. 68 ff.; G. Uhlhorn, KOO, S. 172.

[31] C. Faustum Manich. XIX, 16; MSL 42, 356 f. CSEL 25, 513. In Joann. tract. LXXX, 3; MSL 35, 1840.

[31]a Zu den Celler Kalandsbrüderschaften vgl. C. Cassel I, S. 127 ff., über den Lüneburger Kaland W. Reinecke II, S. 62 ff.

[31]b Der Mutter des Herrn die Brüderschaften zu weihen, war besonders beliebt. Ueber die Brüderschaft unser lieben Frauen in Celle vgl. C. Cassel I, S. 139. In Lüneburg waren der Jungfrau Maria Bruderschaften und Gilden verschiedenster Berufsgruppen geweiht. Auch der Kaland war nach ihr benannt, vgl. W. Reinecke II, S. 50 ff.

[31]c Die Verehrung Annas, der Mutter Marias, war im Anschluß an die Kreuzzüge besonders ausgebildet worden. Man glaubte, daß sie reich mache. Die verschiedensten Berufsgruppen verehrten sie daher als Patronin. Vgl. RE⁵ 1, S. 552, Franz v. Sales-Doyé, Heilige und Selige der röm. kath. Kirche I, 1929, S. 65 f.

[32] = der 30. Tag nach der Beerdigung eines Verstorbenen, der mit Vigtlien und Messen besonders gefeiert wurde, vgl. Schiller u. Lübben I, S. 555.

Der alderbösesten mysbrükynge eine ys, dat me hefft vor de vorstorven seelemyssen holden. wente Christus hefft dat sacramente synes lyves unde blodes nicht darümme uns gelaten, dat wy ein jarmarket eder geltnette darvan maken, sunder dat wy darby syner woldaeth unde bytteren dodes nicht scholien vorgeten, alse by namen, wu syn lycham vor uns geopfert am galgen des krützes unde syn bloth tho vorgevinge unser sunde vorgoten were, dat wy nu na dussem levende nenes anderen vegevüres bedarven. wente he (de mer alse hemmel und erde gelt) hefft sick sulvest vor de reyninge unser sunde geven, darumme wert uns, so wy warhaftigen syner thosage unde worden löven, nener anderen reyninge van nöden wesen. De syck overst an der reyninge des Soens Goddes nicht leth nögen, de wert noch ym hemmel, noch up erden ene andere erlangen. Wente Paulus sprickt (1. Cor. 1, 30), dat Christus uns gemaket sy van Godde tho ener wysheyt, gerechticheit, hylginge unde tho eyner vorlöaynge, desgelyken (2. Cor. 5, 19. 21) dat Godt sy in Christo gewesen unde hebbe mit syck de werlt vorsönet, und dat he one ore sunde nicht hebbe thogerekent. Noch hart darna, dat he Christum tho einer sunde hebbe gemaket vor uns, de süs van nener sunde wüste, uppe dat wy mochten yn eme de gerechticheit werden, de vor Godde gylt. Also sprickt ock Johannes de döper (Johan. 1, 29): Sü dat lam Goddes, welcker wechnympt de sunde der werlt. Uth welckeren worden klarlicken volget, dat Christus allene unse vorlösinge und unser sunde reininge sy, welcker reininge nemand erlangen mach ane dorch den geloven. We nicht lövet (secht de Here Mar ulti — Mk 16, 16), de wert vordömet, unde yn den geschefften (Acto. 15, 9), dat de herten allene dorch den loven gereyniget werden. So denne Christus allene unser sunde reyninge ys unde datsulve nemand den dorch den geloven entfangen mach, folget, dat de mysse, de allene den levendigen vorgevynge der sunde vorkundiget, dorch Christus ewige testamente unde wort kan den doden nicht bathlick [53] wesen, nademe so uth düsser werlt, dar allene des gelovens stede unde wonynge ys (1. Cor. 13; Ebre. 11), affgescheden synt, alse Paulus klarlick betüget unde Christus unweddersprecklick bewyset, dat de reynynge der sunde nicht na dussem levende, sunder nu in dussem levende volendiget wert, dar he sprickt (Johan. 3, 16 ff.): Also hefft Godt de werlt belevet, dat he synen eyngeboren Söne gegeven hefft, uppe dat alle, de an en gelöven, nicht vorloren werden, sunder dat ewige levent hebben, wente Godt hefft synen Söne nicht gesandt in de werlt, dat he de werlt vorrychte, sunder de werlt dorch en salich wörde, we an en lövet, de wert nicht vorrichtet, we overst nicht lövet, de ys rede vorrichtet, wente he lövet nicht yn den namen des eyngeboren Sönes Goddes, welcker worde mögen nicht up de vorstorven getogen werden, sunder allene up de levendigen. Sodenne de levendigen recht löven yn Christum, synt se gereyniget na den worden Christi, wente se werden nicht verrichtet werden, indeme se dorch den loven ore reyninge medebryngen, welcker gerychte umme der sunde willen schüt, wor nen sunde ys, dar wert ock de vorrichtinge der sunde nicht wesen.

Wedderumme wen de levendigen nicht löven, synt se alrede hyr na den worden Christi verrichtet unde vordömet, unde so se ym ungeloven sterven, mögen alle myssen se van der verrichtinge nicht entfryen, wente se bringen mit syck dorch den ungeloven ore sunde. De Christen overst, de yn dem rechten geloven sterven, bryngen myt syck de reyninge, dat one ock alle vormaledygynge nycht mach schaden, dat dyt alle war is, betüget Christus klarlick unde sprickt [Joh 5, 24]: Vorwar, vorwar, segge ick juw, we myn wort hört (welcker van den vorstorven nicht mach vorstaen werden) unde lövet deme, de my gesandt hefft, de hefft dat ewige levent unde kümpt nicht yn dat gerichte, sunder he ys van dem dode tho dem levende hendorch

---

[53] = nützlich, förderlich, vgl. Schiller u. Lübben I, S 159 f.

gedrungen. Kumpt de gelövyge nycht ynt ge-
rychte, wortho synt denne de straffen unde pyne
des vegevürs erdacht? Synt de gelövigen nycht
yn pyne, sunder ym ewygen levende, worumme
wyl me se myt myssen uth pynen lösen unde
ynt levent bryngen? Is ydt doch al verkert dynk
unde volget, dat de mysse, darynne de gedech-
tenysse des dodes Christi vor unsen doth begaen
unde vorhalth wert, nycht den doden, sunder
allene den levendigen tho troste gelaten sy, der-
wegen se ock den doden nichtes nüttet noch fra-
met. De, de överst vorstorven synt, hebben na
erem loven de salicheit edder na dem ungeloven
den vordömenysse entfangen.

Daruth nicht swar ys afftomerken, dat vigi-
lien, seelemyssen, bröderschöppe, kalende und
dergelyken nicht uth Godde, sunder uth egenem,
falschem, mynschlykem gudtdunkende unde dü-
velsdroge erst synt entsprungen, darna dorch de
leydigen gyricheit mer unde mer yngeretten,
tholesten de entfoldigen, blöden, swackgelövigen
mynscken, by den dat gödtlike wort na syner
rechten arth unde geböre nicht gepredicket, um-
me er gelt unde gudt under sodanem falschem
schyne övel unde jamerlicken hebben bescheten
unde bedragen. Idt kan ock wesen (welcker doch
Godde bekant), dat etlyke, de syck up sodane
seelgerede vorlaten, nycht wol synt gefaren.
Darumme vigilien, kalende etc., so me Goddes
worde löveth, yn nenem wege synt tho lyden.

De söventeynde artikel.
Van der doden grafft

De doden överst eerlyken tho grave tho bryn-
gen unde an de levendigen eine korte vorma-
nynge tho doende mit dankseggynge, ys vor
gudt angeseen.

Wowol Christus tho dem jüngeren secht (Mat.
8, 22), dat he scholle de doden ere doden begra-
ven laten unde volgen eme na, wyl doch dar-
mede nichtes anders, sunder dat me dat wort
Goddes tho predycken styff anholde unde yn sol-
ckem ampte sick noch vader, noch moder, noch
wyff, noch kynd vorhynderen laten, ys darümme
nicht nedderiecht, dat me de doden nicht schölle
begraven. Darümme wert yn dussem artikel um-
me der simpelen wyllen vor gudt angeseen, dat
me de doden nicht na heydenschem prale, sun-
der na christliker wyse eerliken begrave mit ei-
ner korten vormaninge na den worden Christi
edder Pauli (Johan. 11, 25 ff.; 1. Cor. 15, 12 ff.;
1. Tessa. 4, 13 ff.), doch ane alle sunderlike
pompen mit ludende, lychten unde anderen buten-
wendigen geprengen.

De achteynde artikel.
Van unser leven frouwen unde sus
anderen tyden gesange.

Unser leven frouwen [33a] edder sus ander tyde
sampt eren myssen, dewyle de gegen Goddes
wort synt, ock nicht uth bewege christliker an-
reyzender notorft unde leve, sunder uth me-
dynge [34] edder süs bedyngedem edder gestyfte-
dem jargelde gesungen werden, schollen alse un-
nütte unde egens gewynstes süchtich bygedaen
werden.

Dat unser leven frouwen tyde wente heer also
hoch verhaven synt, ys dusse orsake, dat me des
rechten myddelers Christi Jhesu unses Heren vor-
geten hefft unde gemeynth, me mochte sunder

---

[33]a Stiftungen zur Unterhaltung von Marien-
andachten und -messen waren besonders häu-
fig. Die Marienbrüderschaften ließen sich vor
allem die Ausgestaltung der Feste angelegen
sein. Die wichtigsten Feste Marias im aus-
gehenden Mittelalter waren: Mariä Lichtmeß
am 2. Febr., Mariä Verkündigung am 25. März,
ihre Heimsuchung Elisabeths am 2. Juli, ihre
Himmelfahrt am 15. Aug., ihre Geburt am
8. Sept., ihre Opferung im Tempel am 21. Nov.,
schließlich das zunächst sehr umstrittene Fest
der unbefleckten Empfängnis am 8. Dez. Au-
ßerdem war der Sonnabend jeder Woche ihrer
Verehrung bestimmt, was oft damit begrün-
det wurde, daß sie am Tage vor der Auf-
erstehung des Herrn nicht an seiner Gott-
heit gezweifelt habe. An diesem Tage wurden
ihr zu Ehren Votivmessen gelesen und ihr
kleines Offizium gebetet. Vgl. St. Beissel, Ge-
schichte der Verehrung Marias in Deutsch-
land während des Mittelalters. 1909, S. 304 ff.,
Geschichte der Verehrung Marias im 16. u.
17. Jhdt. 1910, S. 217 ff.
[34] — Mietung.

berörter juncfrouwen Marien vörbede nicht salich werden, so doch Christus mit hellen klaren worden darwedder sprickt, dat nemand möge tho dem Vader komen, sunder allene dorch en (Joha. 14, 6). Hyr erkenne unde richte ein ytlick, yn wat geloven de wesen mögen, de dorch egene werke, dorch Marien unde anderen patronen vörbede, Godt tho erwerven unde salich tho werden, vormeynen, so dusse enyge spröke ganz tho boddem stott solcken eren ungrund, steyt styff unde yn ewicheit umbewechlick, dat wy nicht mögen thom Vader komen, allene dorch Christum. Van dussem hebben wy gnade unde unser sunde reynynge na dem wyllen unde rade des Vaders entfangen. Yn eme lyggen allene vorborgen alle schatte der wyscheit unde erkentenisse Goddes unde waent yn eme de ganze fülle der godtheit lyfflyken (Colos. 2, 3. 9), ys de borne aller gnaden, de wech, warheit, levent (Johan. 14, 6), yn summa, wyscheit, gesuntheit, wolvarth, gedyent, fromicheyt, gerechticheit unde salicheyt (1. Cor. 1, 30), welcker noch Marien, noch Petro, noch jeniger creaturen nicht mach thogelecht werden unde, alse ym 9. unde 10. artikel vormeldet, wyl Godt umme nemandes denn umme Christus wyllen berörte stücke geven edder ock darumme gebeden syn.

Daruth folget, dat me seer unde groff geerret hefft, nicht allene yn der styftynge unser leven frouwen tyde, sunder ock yn allen anderen dyngen, dorch welcker wy vormeint, gnade van Godde unde vorgevynge unser sünde tho erlangen. Dar me överst by der waren hylligen schrift gebleven were, hedde me wol geleret unde tho scheden gewüst, wat eere wy Marien unde anderen creaturen, wat eere wy Godde geven scholden.

Dat me överst hyr, alse gewoentlick, vornuftigen anteen wolde de gelykenisse van försten, alse möste me dorch de ampten an den försten komen, ys hyr falsch, mach ock yn gödtliker dusser sake gar nene stede hebben. Wente Godt lett vor allen mynschen syne gnade unde barmherticheit uthropen, desulvygen eynem ytlyken dorch Christum anbeden unde alle dynk uns yn

synem namen allene wyl geven (Johan. 14, 13; 15, 7; 16, 23; Math. 7, 7 f.; unde 21, 22). Dartho van uns sulven ym Geiste unde warheit wyl angebedet syn (Johan. 4, 24). Vörder ys he nicht dorch hülse edder wonynge, na edder verne, alse försten van uns gescheden, dat he dorch knechte unser gebreke möste berichtet unde vormanet werden, sunder süth uns jegenwardiger unde egentlyker yn unse herte (Hiere 17, 10), alse wy nenem anderen mynschen yn syn angesichte seen mögen. Tholesten van deswegen hyr up erdboddem yn allen dröffenyssen, angesten unde lydende versocht ys, dat he mit uns lyden, unse gebreke erkennen unde sick unser vor synem hemmelschen Vader annehmen unde vor uns bydden möchte (Ebre. 2, 16 ff.; Jo. 6, 35 ff.; 7, 37 f.). Dyt is Goddes glorie und synes Christi prys unde ere.

Ein spot överst unde smacheit ys ydt nicht allene Marien, sunder Godde unde allen hylligen, dat me se na erem dode yn de stede Goddes unde Christi settet, Goddes eere unde Christus ampt ene tholecht, dat se newerle geleden noch begerth, ja de moder des Heren erkent sick sulvest vor eine maget unde denerynnen des Heren, de allene uth gnaden unde barmherticheit tho der eere ys utherwelet, alse ere egene worde betügen (Luce 1, 38. 48), dat de Here de nichticheit syner maget angeseen hebbe. Paulus unde Barnabas (Acto. 14, 11 ff.) wolden ock tho Lystris nicht laten, dat me se eeren scholde, sunder wyseden de eere to Godde unde bekenden sick vor mynschen unde der anderen medebröder unde spreken: O gy mynschen, worumme do gy dat? Wy synt nicht anders den gebrecklicke mynschen, alse gy synt etc. Wat mene wy, dat se spreken wörden, wen se segen, dat by ene gesocht wörde, dat allene Goddes ys? unde vornemeliken de juncfrouwen Maria. Ane twyvel, se wörde spreken: O gy unvorstendigen, alle eere, de ick hebbe, hebbe ick nicht van my sulven. Godt hefft myck uth lutter gnade unde barmherticheit na synem wyllen tho der moder Christi utherwelet, des ick eme danke unde lave syne barmherticheit, noch byn ick darümme nicht

518

72

eine göddynne, noch byn ick darumme nicht de
rechte borne alles guden, alse gy mick holden [35],
sunder Godt ys allene de borne alles guden, unde
he wyl nen gudt tho juw komen laten ane dorch
mynen Söne, dem he de eere unde herlicheit
allene geven hefft, dat he allene twyscken juw
unde eme handelen scholle. Darumme weset
kloek, dat gy Goddes des Vaders ordeninge nicht
verkeren unde my tholeggen, de he allene sy-
nem Söne Christo wyl thogelecht hebben, unde
fallen also under einer guden meninge, myck
tho eren, yn den ewygen torne des Vaders.

Hyr late wy na umme der körte wyllen. So yd
rede, recht und billick were, Marien na unsem
gutbedunken to eeren, dat de papen dennoch
unrecht doen, dar se klapperen de wort heruth
ane geyst, vorstand und begerte. Item se syngen
edder lesen nicht umme Goddes edder Marien,
sunder umme den pennink, eren godt, deme se
darmede denen. De psalme unde wort, de se le-

sen, synt nicht van Marien geschreven edder
gesprocken, strecken sick ock nicht tho Marien,
sunder tho Godde, se werden överst mit aller ge-
walt wedder Goddes wyllen tho Marien getho-
gen [36]. Darumme synd se billick, so verne wy
Christen wesen wyllen, genzlick affthodonde.

De negenteynde artikel.
Van gewyedem solte, water, palm, vûre unde krude etc. [36a]

Gewyet was, water, solt, vûre, palm unde krü-
de, ock wat sûs uth grunde des ungelovens je-
gen Goddes erste gebot allenthalven mochte ge-
wyet werden, schal gar nichtes geleden werden.

Paulus spricht (1. Timo. 4, 4 f.), dat alle crea-
ture Goddes gudt synt unde nichtes vorwerp-
lick, dat mit danckseggynge entfangen wert,
wente ydt wert gehylliget dorch dat wort God-
des unde gebet. Hyruth folget nicht, alse wy
suslange gemeinet, dat was, solt, water etc., wen

---

[35] Vgl. z. B. Analecta hymnica medii aevi IX,
hrsg. v. G. M. Dreves. 1890, Nr. 94,6b: „Para-
disus voluptatis, / Universae bonitatis / Fons,
rivulus, alveus", G. Morel, Lateinische Hym-
nen des Mittelalters. 1868, Nr. 193,3: „fons
totius bonitatis", J. Kehrein, Lateinische Se-
quenzen des Mittelalters. 1873, Nr. 306,3: „O
fons bonitatis / Nostrae paupertatis / Sis me-
mor Maria", Wackernagel II, Nr. 62,5: „Prunn
der güt", Wackernagel II, Nr. 674,3: „Gnaden
reyche sonne / vil schöner wen y kein man /
Czwar aller güte nronne / sich vns liplich
an". — Ueberhaupt wurde Maria häufig mit
dem Beinamen „Brunnen" oder „Quelle" be-
nannt: Quelle des Lebens, Brunnen der Gnade
usw., nicht nur, weil sie den Herrn gebar,
sondern auch als die, die schon vor der Emp-
fängnis „gratia plena" war und voller Rein-
heit und Tugenden geglaubt wurde. Vgl. A.
Salzer, Die Sinnbilder und Beiworte Mariens
in der deutschen Literatur und lateinischen
Hymnenpoesie des Mittelalters. 1893, S. 9 f. 71.
322 ff. 568 ff., ferner P. Sträter, Katholische
Marienkunde I. 1947, S. 301 ff.

[36] Die Marienpsalterien bestanden, ebenso wie
auch andere Psalterien, meistens aus 150 Stro-
phen, beginnend mit „Ave", von denen jede
auf den entsprechenden der 150 Psalmen in
einem engeren oder weiteren Rahmen an-
spielte. Bei den Marienpsalterien wurden die
herangezogenen Psalmworte dann zu Maria
in Beziehung gesetzt, einzelne Psalmverse
aber auch geradezu auf Maria umgedichtet.
Diese Psalterien dienten wie das Rosenkranz-
gebet der Privatandacht. Vgl. solche Marien-
psalterien: Analecta hymnica medii aevi, Bd.
XXXV, hrsg. v. G. M. Dreves, 1900, S. 123 ff.
Bd. XXXVI von demselben Herausgeber. 1901,
S. 11 ff., z. B. Psalterium beatae Mariae V.
auctore Anselmo Cantuariensi, Bd. XXXV.
S. 254 ff. V. 1: „Ave mater advocati / Qui
beatus consilio / Aula ventris incorrupti /
Processit ut ex thalamo", aber auch Sollilo-
quium sive Psalterium B. M. V., saec. 15, Bd.
XXXVI, S. 129 ff., das zu jedem Psalm meh-
rere Strophen enthält, I, 1: „Beatus vir, qui
discedit / A feminae malae via / Beatior cum
accedit / A te, beata Maria". — Anderer Art
waren die Marienpsalterien, die beim Vesper-
offizium vor, nach und zwischen den einzel-
nen Versen des Magnificat verwandt wurden.
Hier wurden die ganzen Psalmen durch Um-
dichtung auf Maria angewandt. Ein solches
ist das „Psalterium Mariae magnum", das mit
Unrecht Bonaventura zugeschrieben wurde.
Vgl. St. Beissel, Geschichte der Verehrung
Marias in Deutschland während des Mittel-
alters. 1909, S. 241 ff. 314, zum Psalterium
magnum auch RE³ 12, S. 318.

[36a] Vgl. S. 27, Anm. 6; S. 38, Anm. 13; S. 63,
Anm. 15; S. 138, Anm. 82 f.

se gewyet werden, meer macht unde kraft hedden denn thovörne, alse wörde myt der wygynge wes sunderlykes daryn edder uth gebannet, ys ock nicht de meyninge unde vorstand Pauli yn vörberörter stede, sunder wyl darmede, dat alle creaturen, welcköre dem mynschen dorch de sünde Ade (Gene. 3) vorunreyniget, eme wedderumme dorch Goddes wort gehylliget werden, dat me erer gebruken möge myt reyner guder conscientien unde frölichem herten, alse he sprickt (Tit. 1, 15): Den reynen (dat ys de Goddes wort hebben, dorch welcköre se der creature bruken) ys alle dink reyne. Den unreynen ys nichtes reyne

Dewyle denne alle minschen dorch de wyginge des wasses, waters unde andere dynge yn den mysbruck gekomen, dat se felschlyken wedder Goddes geboth (2. Mo. 20, 3; 5. Mosi 4, 1 ff.; 5, 7) eren hopen, trost unde thovorsicht daryn setten, alse openbar ys, fordert de eere unde glorie des ewigen Goddes unde der mynschen notorft, desulven valschen vorförischen wyginge gar afftodoende unde se dorch Goddes wort laten underrichten, dat se eren höpen, trost unde hülpe allene by dem ewigen unde levendigen Godde söken, alse he sprickt (Psalm. 50, 15): Ropp my yn der not an, unde ick wyl dy erlösen.

De twyntigeste artikel.

Dewyle ock einem ytliken Christen daran nicht wynig gelegen to weten, wo he gedofft, wes he ock van wegen der vadderschop an sick nympt, ock jo so schymplick ys fulborden [37] unde antworden, dar me der frage nicht berichtet ys, esschet [38] not, dat me yn bekander, vorstendliker unser sprake de kynderken döpe, uppe dat yn solckem hogen sacramente nicht alse wente her lychtferdigen gehandelt, sunder gebörlick ernst möge gebrucket werden.

Wowoll dusse artikel van wegen der merkliken notsaken, so daryn angetogen, nenert beweringe bedarf, is doch tho weten, dat he sick gründet up den spröke Pauli, dar geschreven

steyt (1. Cor. 14, 6 ff.): Nu överst, leven bröder, wen ick tho juw queme unde redede myt tungen, wat were ick juw nütte. Dat ys, wen ick gelick yn latinscher edder einer anderen unvorstendliken sprake mit juw redede, wörde ick juw nichtes darmede framen. Nympt eine gelikenysse van dyngen, de dar luden unde doch nicht leven, alse van pypen, harpen edder bassunen [39], welcke so se nicht einen underschedtliken schal und luth van sick geven, wett nemand, wat gepypet ys, wert sick ock thom kriege nemand rusten, unde kort darna, wen du överst segenst mit dem geiste, wo schal de, so an der stede des leyen steyt, amen seggen up dyne danksegginge, syntemäl he nicht weth, wat du sechst? Du sechst wol fyn dank, överst de ander wert darvan nicht gebetert. Dat ys, wen du den synn sulvest vorsteyst unde doch den anderen, de darby staen, de vorstand vorborgen ys, werden jo desulvigen dartho nicht amen seggen, fulborden noch bewylligen können, dar se nicht van weten. Dartho wen de ganze gemenheit mit tungen redede, dar quemen överst henyn leyen edder ungelövige, wörden se nicht seggen, gy weren unsynnich? Wen nu de prester fraget [40]: Abrenunctias sathane? Credis in Deum? Oremus etc., unde de vadderen unde leyen, so darby staen, de solckes nicht vorstaen unde doch darup antworden unde amen seggen schollen, wat ys ydt anders sunder affgelövige, lychtferdige, vorkerde wyse? Mochte ein leye ock spreken, me were unsynnich? Dewyle denne dyt sacramente so merklick unde hoch ys, ock eyn ytlick vadder thor antwort van des kyndes wegen, ock de ummestendigen tho gemenem kreftigem gebede mede gefördert werden, moth jo solckes nicht anders wen yn guder düdescher sprake by uns vorhandelt werden.

De einundetwyntigeste artikel.
Van ergernysse.

Dat upgeschreven artikel dem volke dermaten mit predicken angegeven, geleret unde uth-

---

[37] = zustimmen.
[38] = erfordert

[39] = Pfeifen, Harfen oder Posaunen.
[40] Vgl. Rit. Rom. I, Tit. II, Cap. II, 14 u. 17, S. 21 f

gelecht werden, dat de swacken nicht geergert edder also vorth vorworpen, de rökelosen overst unde rumgelövigen nicht fryheit vaten, alles, wat gödtlick unde eerlick ys, to vorachten, sunder alle predickye unde lere up den geloven, fruchten Goddes, bothferdig levent, krütze, gedult, gehorsam, leve unde dergeliken notorftige christlike stücke mögen gerichtet werden.

Vor allen dyngen wyl einem ytliken kerckheren gebören, twyscken gödtlicken unde mynschliken settingen klöcklick tho underscheden unde einem ytliken syne werde unde mate weten tho geven. Gödtlike settinge synt der arth unde also nötlick, dat yn den nichtes tho voranderen noch tho breken ys, alse yn vorigen etliken artikelen angetogen unde bewyset ys. Mynschlike settinge synt twyerleye, eyne, de gödtlikem worde strakkes wedderstreven, alse de ynsettynge der anröper und patronen feste, dardorch Goddes eere unde Christus ampt voruneret wert. Küscheit der geistliken, welcker sunder underscheid up alle geistlyken, alse hedden se alle de gave, mit gebode gelecht, ys wedder alle byllicheit unde klare wort Goddes. Beter ys elick tho werden wen bernen (1. Cor. 7, 9). Myssen uth gewoente umme gelt vor de doden etc. wedder de wort des Heren unde Pauli unde dergelyken andere unordenynge vele, dar hyr bevor genochsam van geschreven, dusse nademe se Goddes worde rychtyges entgegen nicht, mögen nicht geleden werden, wente men hyr Godde mer horcken moth alse den mynschen (Acto. 4, 19). De anderen settynge, wowol se yn Goddes worde nicht gegrundet, wedderstreven dennoch demsulvygen nicht, als dar ys de ynsettynge des Sondages, daryn dat volk, Goddes wort tho hören, beden unde de gedechtenysse des dodes Christi tho begaen, syck vorsammelet, unde etlike feste, daryn de schrift na einer ordeninge schickliken gepredicket, ock psalm unde leyssen eindrechtigen

möge gesungen werden, dusse dinge thor salicheit nicht noth synd, sunder dat me der enicheit unde gemenem frede hyryn dene, ock unschicklicheit gemeden werde.

Wor me överst hyrynne rökelos handelen, der leve unde frede nicht achten worde, worde unschicklychheyt folgen, welcke denne schendlick unde schedtlick ys. Desgelyken myt der spyse weth me, dat se fryg ys, ock nemandes conscientie darmyt schal gebunden werden. Wor överst an eynem orde Goddes wort nicht vast gedreven unde de conscientien myt der warheit noch nicht gefryet synt, were ungodtlick, dynen armen broder tho ergeren, nademe Paulus so ganz getrüwlick de ergernisse vorbüth (1. Cor. 8, 9 ff.) unde lever wyl sterven denn ergeren. Hyr wert nu, alse ym artykel vam fasten gesecht, de leve eyne wyle tydes dülden, eten mit den, de fleysch eten, yn Goddes namen, unde by den, de nicht eten, syck entholden und nicht rychten. Jodoch de fryheit by sick unvorletzet holden, ock desulvygen syck nicht nehmen laten. Wor överst bemelte unde dergelyken myddeldynge alse thor salicheit nötlyck angethogen unde folgendes de conscientien bynden wörde, synd se gegen Goddes wort unde van deswegen nicht tho dülden.

Wowol nu not ys, myt bemeltem bescheide dat volk getrüwlick underrichten, ys doch nicht nütte, dachlickes unde alléne darvan by der gemeyne tho handelen, sunder wyl einem truwen kerckheren gebören, yn den hövetstücken christlikes wesendes, welck am ende dusses lesten artykels thom dele ertellet, aldermeist unde stedtlyck antoholden unde arbeyden, de dem volke ane underlath ynbylden, doch myt dussem beschede, dat se nicht mynschlykes gudtdunkens, sunder na vormöge, wysynge unde snore gödtliker schrift vorhandelt werden, darvan süs van velen vele unde notorftygen geschreven.

Verzeichnis der erschienenen SPUREN – Bände

Schriftenreihe zur Geschichte Bienenbüttels und seiner Ortsteile

SPUREN 1
Die Einheitsgemeinde Bienenbüttel. 2004 vergriffen,
überarbeitete Neuauflage 2014

SPUREN 2
Holger Runne: Geschichte der Amtsvogtei Bienenbüttel

SPUREN 3
Hans-Günter Beecken: Hohnstorf 1241 – 2004

SPUREN 4
Eberhard Behnke: Karl Kayser und seine Chronik des Kirchspiels
Wichmannsburg

SPUREN 5
Jürgen Jarfe: Wulfstorf

SPUREN 6
Christine Meyer (Hrsg.): Alt werden und alt sein
in einer ländlichen Gemeinde

SPUREN 7
Jürgen Jarfe: Die Bedeutung des Geldes im II. Jahrtausend
Dargestellt vorwiegend am Beispiel Bienenbüttels und
umliegender Dörfer

SPUREN 8
Holger Runne: Urkunden des Mittelalters für Bienenbüttel
und seine Ortsteile

SPUREN 10
Klaus Wedekind (Hrsg.): 10 Jahre Arbeitskreis Geschichte –
10 Jahre Gemeindearchiv Bienenbüttel

SPUREN 11
Axel Holst – Dieter Holzenkämpfer: 100 Jahre Sportvereine
in Bienenbüttel – Zur Geschichte des TSV Bienenbüttel
und Umgebung e.V.

SPUREN 12
Hans-Günter Beecken – Gisela Frischmuth – Wilma Laudan –
Klaus Wedekind: Vom Singcirkel zum Ilmenau-Chor Bienenbüttel
120 Jahre Chorgeschichte 1891 – 2011

SPUREN 13
Dieter Holzenkämpfer: 100 Jahre Graefke Fleischwaren
Vom Schlachtermeister zum Wurstfabrikanten 1912 – 2012

SPUREN 14
H.-G. Beecken – H. Runne (Hrsg.):
Landwirtschaftlicher Verein Bienenbüttel und Umgegend
Von Pferd und Sense zum Schlepper und Mähdrescher

SPUREN 15
Gertrud u. Wolfgang Bödeker:
Dorf – Schule Varendorf 1700 – 1972

SPUREN 16
Horst Buchholz – Gerhard Wollenweber
Bienenbüttel und die Eisenbahn

Spuren 17
Wilma Laudan: Grünhagen

Spuren 18
Holger Runne (Hrsg.): Entdeckungen

Spuren 19:
Axel Holst: Mia Meyer – eine Heidedichterin in der Mark
Brandenburg 1925 – 1945

Spuren 20:
Holger Runne (Hrsg.): Entdeckungen 2

Spuren 21
D. Holzenkämpfer/H. Runne:
50 Jahre Spielmannszug – 15 Jahre Bogensport

Für diesen Band ist ein Faltblatt des „Wichmannsburger Antependiums" zum Einfügen oder Einkleben vorgesehen. Leider war es aus produktions-technischen Gründen nicht möglich, diese Beilage im Verlaufe der Herstel-lung beizufügen. Es musste später nach dem Folieren per Hand geschehen.

Sollte in Ihrem Band das Faltblatt fehlen, wenden Sie sich bitte an den Au-tor (05823 1511 oder e-mail bargdorf@t-online.de), das Blatt wird Ihnen dann kostenlos zugesandt.